léo ferré

Collection dirigée par
LISE BOËLL

Robert Belleret a également publié :

Léo Ferré, une vie d'artiste, Actes Sud, 1996
Les Bruyères de Bécon, Sabine Wespieser Editeur, 2002

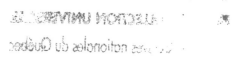

© Éditions Albin Michel, S.A., 2003
22, rue Huyghens, 75014 Paris
ISBN : 2-226-14297-5
www.albin-michel.fr

ROBERT BELLERET
JEAN-PIERRE BOUTEILLIER

léo
ferré
poète insurgé

ALBIN MICHEL

« Tu murmures ce que je hurle », commenta, étonné, Léo Ferré en écoutant les chansons que je venais d'enregistrer. C'était en 1972. Il avait fallu deux décennies pour que le rebelle rugissant et le métèque languissant se réunissent le temps d'un dîner et se découvrent une fraternelle confraternité.

Je n'osai pas lui raconter que nous nous étions croisés au début des années cinquante, quand je jouais les pianistes de bar au Quartier Latin, dans un restaurant de la rue des Canettes qu'il fréquentait assidûment. Je me risquai alors à lui demander s'il préparait de nouvelles chansons. C'était une manière admirative et maladroite de lui exprimer mon impatience de les entendre. Il répondit sans aménité : « Irais-tu demander à un fabriquant de chaussures s'il va fabriquer de nouvelles chaussures ? » Nullement vexé ni découragé par le ton abrupt, je continuais de guetter ses apparitions de cabaret en cabaret, de music-hall en meeting libertaire pour aller m'étourdir de ses vers et de ses mélodies. Parfois, je lui empruntais quelques chansons pour les mettre à mon répertoire quand je faisais la manche ou me produisais dans des lieux confidentiels. Le Parvenu, Monsieur William et La Chambre, en étaient les plus beaux fleurons.

Mai 68 a été un de nos points de rencontre. Chacun de nous, à sa manière, adhéra à l'insurrection estudiantine. Ce fut l'occasion de partager les mêmes scènes, les mêmes tribunes, les mêmes idées.

Mais c'est une belle Marocaine qui nous faisait les yeux doux à l'un et l'autre qui provoqua notre amitié. Elle tenait à nous présenter et m'emmena l'écouter à Bobino. La soirée se termina par le dîner historique de 1972.

Éparpillés aux quatre coins du monde par nos vies de tournée, le hasard nous permettait de nous retrouver – trop rarement – lors de brèves escales autour de quelques bonnes tables.

En février 1992, lors du concert où nous célébrions à l'Olympia la mémoire de Paul Castanier, je lui pris la main pour monter sur le plateau. Je fus surpris quand elle s'accrocha à la mienne, cherchant un soutien. « Je ne chanterai plus ici, il y a trop de marches », me confia-t-il. Je compris que le grand fauve était sérieusement fragilisé.

Nous nous retrouvâmes pour « La fête à Léo » à Montauban. Émotion de chanter pour lui et avec lui, émotion de le voir gagner les coulisses en silence devant une salle à qui il avait demandé de ne pas applaudir Avec le temps, la chanson qui terminait son récital. Une manière de nous préparer à son départ définitif.
Nous prîmes notre dernier repas au Festival de Sauve, en compagnie de Marie-Christine, sa femme, et de sa fille Manuella. Je garde la vision d'un Ferré débonnaire, bon époux et père attentionné. Mais son regard s'éloignait parfois et on pouvait comprendre qu'il regardait déjà au-delà du monde.

C'est à l'aéroport d'Athènes, le 14 juillet 1993, parmi les touristes remuants et bariolés qui passaient indifférents devant le présentoir à journaux, que la une de Libé m'apprit la mort de Léo.

Georges Moustaki
25 juillet 2003

L'Histoire ancienne

1916-1950

Tout commence à Monaco, dans la lumière blanche d'un après-midi de fin d'été, le 24 août 1916, au troisième étage de la villa « Les Œillets », 9, avenue Saint-Michel où la famille Ferré a emménagé quelques mois plus tôt, en vue de « s'agrandir ». Marie Scotto et Joseph Ferré se sont mariés en juin 1912 et dès la fin de l'année suivante est née leur petite Lucienne. Le deuxième enfant qui s'annonce, en pleine Grande Guerre, était-il réellement désiré ? En tout cas, il est là, Léo, Albert, Charles, Antoine Ferré, et bien là. À peine né, il se fait la voix dans la bassine où l'a déposé la sage-femme, près de la machine à coudre de sa mère. On est loin de Verdun où tant d'hommes succombent dans la fureur du grand massacre et, même si, trois jours plus tard, l'Italie déclare la guerre à l'Allemagne, les clameurs du « théâtre des opérations » ne sont guère audibles dans la paisible bourgade de Monte-Carlo. Villa « Les Œillets », la scène de la nativité n'est pas évangélique. « Ma mère s'appelle Marie, mon père s'appelle Joseph, la similitude s'arrête là ! », aimera plaisanter Léo qui avoue avoir peu de souvenirs précis de ses jeunes années, à part « l'horreur tragique du lait » et un savoureux mélange d'odeurs familières : celles de la mer toute proche, du tabac de son père, des mandarines, du vernis à ongle maternel, de la terre mouillée après la pluie.

À cinq ans, Léo s'éveille à la musique. Ou plutôt, il en rêve, jouant du violoncelle sur un manche à balai ou dirigeant des orchestres imaginaires sur les remparts de la vieille ville. Ses premiers émois artistiques ont quelque chose de douloureux : n'est-il pas un petit garçon différent des autres ? Il a honte de sa sensibilité. Jusqu'à ces jours bénis où, ébloui, il aura la chance de voir Toscanini diriger *Coriolan* puis Maurice Ravel en train de faire répéter le *Concerto pour la main gauche*. Si Léo est alors tapi dans les coulisses du prodige, c'est sans doute parce que l'un de ses oncles, Albert Scotto, violoniste professionnel, a pu l'y faire entrer. Mais le

8

« C'est l'enfer
sous le tableau noir
C'est Tahiti
dans un dortoir »

précoce mélomane aura l'occasion d'assister à bien d'autres concerts depuis la salle. Joseph Ferré, son père, amateur de musique, bien que dur d'oreille, est en effet directeur du personnel du casino, propriété de l'omnipotente Société des Bains de Mer de la Principauté, et dispose à ce titre, enviable, de places exonérées.

« Et la mère fermant le livre du devoir / S'en allait, satisfaite et très fière / Sans voir dans les yeux bleus et sous le front plein d'éminence / L'âme de son enfant livrée aux répugnances... » (*Les Poètes de sept ans*, poème d'Arthur Rimbaud). Est-ce dû aux origines transalpines de sa famille (trois de ses quatre grands-parents sont Italiens) ? Au catholicisme pratiquant de son père ? Ou simplement aux usages de la bonne société monégasque ? Toujours est-il qu'à la rentrée scolaire de 1925, Léo est inscrit – interné – au collège Saint-Charles de Bordighera, en Italie, chez les frères des écoles chrétiennes. Il a neuf ans. Il y passera huit longues années comme autant de saisons en enfer. Pensionnaire, on lui attribue le numéro de matricule 38 et le voilà isolé, embrigadé, livré à l'arbitraire de ces frères pas toujours très catholiques dont il subira les pulsions perverses. Plus tard, il parlera « d'instruction du péché ». *« L'âme de certains individus m'empêchera toujours de croire tout à fait en Dieu. J'ai oublié son nom. Il y a une chance pour les mauvais souvenirs... »* (*Et Basta !*, 1973). À Bordighera, Léo qui joue du piston au sein de l'harmonie du collège et s'initie à la musique sur un vieil harmonium, a heureusement un camarade, un rayon de

« Je vois des tramways bleus sur des rails d'enfants tristes... »

soleil, Pierre Grimaldi. Ensemble, pour échapper à l'oppression, ils s'immergent dans Verlaine, Rimbaud, Baudelaire – déjà le subversif –, et pendant les cours Léo dévore Voltaire et Mallarmé. Chaque retour vers les hauts murs du collège est pour Léo un arrachement. Pas seulement parce qu'il doit délaisser le cocon familial, ses copains de rue et ses petites amoureuses, dont sa « rousse de neuf ans ». Après les derniers mots d'au revoir de sa mère et de sa sœur, il passe la frontière avec le souvenir parfumé de leurs doux baisers, saute dans un tram, le cœur lourd et l'âme en berne, entendant déjà le bruit des pas du faux frère qui, chaque matin dès potron-minet, vient réveiller le dortoir. Ensuite c'est la prière, la toilette, l'étude, la messe, et les nuées de mouches tournant au-dessus du bol de café au lait du petit déjeuner...

En 1933, Léo quitte enfin Bordighera. Comme il sortirait de prison. « *C'est un jouet qui s'est arrêté / C'est l'innocence rapiécée / C'est toujours ça d'passé...* » (*L'Enfance*, 1964). Il sait la solitude, le désespoir, la haine peut-être, et la révolte à coup sûr – à l'encontre de la discipline, du clergé et de son père aussi dont l'autorité est si pesante. Un riche terreau où pourra germer sa graine d'anamar. Au mois de juin, c'est un adolescent avec la peur au ventre qui passe son baccalauréat à Rome ; s'il le rate, il devra redoubler à Bordighera. Ouf ! Il est reçu et, en octobre, l'esprit presque libre et l'âme vaguement littéraire, il intègre le lycée de Monaco (aujourd'hui lycée Albert Iᵉʳ) où l'écrivain Armand Lunel sera son professeur de philosophie. Il y rencontre son futur plus vieil ami, Maurice Angeli.

En juin 1934, il obtient à Nice sa deuxième partie de bac : c'est le feu vert pour « monter » à Paris et « faire son droit ».

Après un retour-détour obligé par son père au collège Saint-Charles où, cette fois, il enseigne le français, et une brève initiation au journalisme, Léo débarque dans la capitale à l'automne 1935. Sa sœur Lucienne l'accompagne pour y suivre des études de chirurgien-dentiste. Ils habitent rue de Tournon – où résida Balzac –, dans un hôtel meublé ; deux pièces mitoyennes dégotées par leur père, Joseph, toujours soucieux d'avoir un œil sur sa progéniture. Tandis que le Front populaire l'emporte et que l'Espagne sombre dans la Guerre civile, Léo, plus proche des monarchistes que des « socialos », insouciant mais pas tout à fait heureux traverse *night and day* la brume des rues de Paris. « Noctambule affreux », il se gave de chansons et de cinéma – Trenet, Gabin, Danielle Darrieux, Fred Astaire et Ginger Rogers sont ses idoles – mais erre souvent sans but devant ces vitrines qui font « tant de vacarme dans les yeux ». Lulu est courtisée, Léo est complexé. « *Pour tout bagage on a sa gueul' / Quand elle est bath ça va tout seul / Quand elle est moche on s'habitue / On s'dit qu'on est pas mal foutu...* » (*Vingt ans*, 1961). De son propre aveu, Léo n'aura ses premières relations sexuelles qu'à vingt ans bien sonnés avec une professionnelle de Strasbourg-Saint-Denis. « *J'avais rien / Ni regrets / Ni principes / Les putains / Ça m'prenait / Comm' la grippe...* » (*Quartier Latin*, 1967).

« Quand j'étais môme, On avait aussi nos idoles, Danielle Darrieux, On n'fait pas mieux »

Sur les bancs de la fac de droit, place du Panthéon, Léo aurait alors pu côtoyer un autre étudiant provincial né, comme lui, en 1916, et qui, comme lui, fréquente également les amphis de Sciences-po, rue Saint-Guillaume : un certain François Mitterrand qui, de surcroît, loge chez les frères maristes au 104, rue de Vaugirard, à deux pas de la rue de Tournon. Pourtant, les deux hommes ne se rencontreront jamais, au propre comme au figuré. Sans être « un saint ni un salaud », Ferré se tiendra toujours à l'écart de l'action politique – « *Un doigt de scotch et un gin, fils / Et tout le reste je m'en fiche / Ils ont voté... et puis, après ?...* » (*Ils ont voté*, 1967) – et, en 1981 comme en 1988, il refusera de soutenir la campagne présidentielle de Mitterrand. « *Mais la société / Faut pas s'en mêler / J'suis un type à part / Une graine d'ananar...* » (*Graine d'ananar*, 1954). À la mort de Ferré – son chanteur favori, avec Guy Béart –, le président de la République n'en fera pas moins savoir, par télégramme officiel, que « la France perd avec lui l'un des créateurs qui ont porté la chanson à son plus haut degré d'exigence et de qualité ; incarnant, plus que tout autre, la tradition qui depuis le Moyen Âge n'a cessé d'unir la poésie et la musique, le souci de l'art et l'amour du peuple. »

Sans quitter leur cher 6ᵉ arrondissement, Léo et Lucienne déménagent pour s'installer au cœur de Saint-Germain-des-Prés, rue Saint-Benoît, à la pension de l'Abbaye. Il y a là un piano sur lequel Léo peut faire ses gammes et, tout près, la Brasserie Lipp – où il descend volontiers un demi de bière avec Ramon Badia, un ami monégasque –, Les Deux Magots, déjà branché, et Le Café de Flore où se réunit le groupe Octobre autour des frères Prévert. « *J'habite à Saint-Germain-des-Prés / Et chaque soir j'ai rendez-vous / Avec Verlaine / Ce vieux pierrot n'a pas changé / Et pour courir le guilledou / Près de la Seine / Souvent on est flanqué d'Apollinaire...* » (*À Saint-Germain-des-Prés*, 1950). Léo reviendra après la guerre mais il ne reconnaîtra déjà plus « cet adorable village où quand il passait une voiture, on se retournait ». Pour le moment, son diplôme de sciences politiques en poche, il rentre à Monaco juste avant que la guerre n'éclate.

En septembre 1939, Léo qui n'a pas encore la double nationalité franco-monégasque est mobilisé comme son ami Maurice Angeli. Dans l'espoir de rester ensemble, ils optent pour l'infanterie et partent suivre une préparation militaire à Montpellier.

Le 20 mai 1940, l'aspirant Ferré sort, frais émoulu, de l'école de Saint-Maixent. Si l'uniformité ne sied pas à sa sensibilité, il n'est toutefois, à ce moment-là, qu'un antimilitariste de réserve. « *Arrête un peu que j'voie / Si t'as d'la voix / Si j'en aurai pour mes galons / Arrête un peu que j'voie / Et puis qu'j'abreuve tous vos sillons...* » (*La Marseillaise*, 1967). C'est que la France est en déroute, submergée par la vague des troupes hitlériennes. On rembarque à Dunkerque, Paris est déclarée ville ouverte. La « Drôle de guerre » n'amuse déjà plus personne et au moment où l'Italie la déclare à la France, Léo crapahute sur les routes, du Centre vers le Midi, à la tête d'une section de tirailleurs algériens rétive. Sans maîtriser l'art du commandement, il participe activement à la débâcle. « *Petit soldat deviendra grand / Pourvu que Dieu lui prête vie / La croix d'honneur un peu d'argent / Pour faire un tour avec la vie...* » (*Pacific Blues*, 1967). L'Armistice signé, il est démobilisé en août et retourne à Monaco, son port d'attache. Mais en chemin – était-ce à Castres ? ou à Albi ? – Léo a croisé la belle Odette Schunck, une parisienne « repliée » dans le midi avec sa famille. « *Je t'ai rencontrée par hasard / Ici, ailleurs ou autre part / Il se peut que tu t'en*

souviennes / Sans se connaître on s'est aimés / Et même si ce n'est pas vrai / Il faut croire à l'histoire ancienne... »
(*La Vie d'artiste*, 1950). L'éclat de son regard clair et de ses longs cheveux blonds le hante.
Pressé de la revoir, Léo prend pourtant le temps de composer un *Ave Maria* pour orgue et
violoncelle qui sera interprété, le 29 octobre 1940, lors du mariage de sa sœur Lucienne à
l'église Saint-Charles. La critique locale apprécie. Mais Léo ne veut plus prendre le bonheur
toujours en retard. Il emprunte un vieux vélo et, après cinq jours d'une chevauchée
(évidemment) fantastique, s'offre de courtes mais douces retrouvailles avec Odette. « *Qu'il
est long le chemin de l'amour / Le bonheur ça vient toujours après la peine / T'en fais pas mon ami j'reviendrai...* »
(*Le Bateau espagnol*, 1950).

Revenu de sa fugue amoureuse, Léo qui n'a pas de velléité résistante trouve, grâce à son père, un
travail aux allures de « planque ». Il est chargé de distribuer des bons de ravitaillement aux
hôteliers de la Principauté. Il s'émancipe aussi, louant une chambre au mois dans un hôtel
modeste puis un appartement minuscule qu'il partage parfois avec une petite amie. C'est à
cette époque qu'il applaudit Charles Trenet à Montpellier et ose lui présenter quelques-unes
des premières chansons qu'il a composées. « C'est intéressant ce que vous faites, mais ne
vous risquez pas à chanter vous-même ! », lui conseille avec un brin de condescendance
son idole. Pourtant, au mois de février 1941, sous le pseudonyme de Forlane, Léo fait sa
première prestation en public lors d'une soirée de gala guindée au Théâtre des Beaux-Arts
de Monte-Carlo.

Quelques brèves rencontres n'ont pas chassé l'adorable Odette des pensées de Léo. Ils se marient
à Issy-les-Moulineaux, le 2 octobre 1943, et décident un retour à la terre, s'installant bientôt
dans une ferme, au lieu dit « Grima », sur la commune de Beausoleil, avec une mule, un ou
deux moutons, deux vaches et un chien inoubliable, Arkel – « Les animaux, quelles
merveilles ! ». Ils vendent l'huile de leurs olives et le lait de leurs vaches – des denrées rares
en 1944. Léo garde de cette époque pastorale le chouette souvenir olfactif du fumier
l'emportant sur celui du lait frais. Mais l'apprenti fermier a le virus de la musique. Il s'offre
quelques cours avec un professeur russe qui lui inculque les rudiments de l'art de la fugue et
du contrepoint. Et, déjà, il compose beaucoup, sur des textes de quatre sous griffonnés par
une amie mais aussi sur les petits joyaux que lui offre René Baër, un vieux monsieur à la
trajectoire originale comme son talent, que lui a présenté son père, Joseph. En 1945, il rejoint
son amie Cilette Badia, l'épouse de Ramon, à Radio Monte-Carlo où elle est speakerine. Sa
collaboration à la station est aussi modeste que variée ; tantôt bruiteur, tantôt aide-régisseur,
n'hésitant pas à l'occasion à donner un coup de balai spécialement autour du piano dont il
profite dès qu'il peut... Cette année-là, Léo rencontre pour la première fois Edith Piaf, en
tournée. Il lui présente ses modestes œuvres, elle l'encourage – « Léo, il ne faut pas que tu
restes à Monaco. Tu viens à Paris, et puis moi, je t'aiderai beaucoup ! ».

« Monsieur mon passé
Faudrait bien passer
J'ai comme une envie
D'aller faire ma vie »

Revoir Paris ! À trente ans, Léo va renouer cette liaison passionnelle et contrastée avec la ville qu'il chantera comme personne de *Paris-Canaille* à *Paris je ne t'aime plus*, en passant par *À Saint-Germain-des-Prés*, *Paname* ou *Quartier Latin*. Fin 1946, avec Odette, ils s'installent en banlieue, à Issy-les-Moulineaux, puis, en avril 1947, à Sainte-Geneviève-des-Bois. Alors débutent les années de dèche, celles de l'après-guerre, des tickets de rationnement mais aussi du succès de Léo qui ne vient pas. « *Je vivais à ce moment-là avec une femme / Assez longtemps, avec des problèmes de mouise, d'attentes au bout d'un téléphone qui ne sonnait jamais...* » (*Et Basta !*). Pourtant, à peine arrivé, l'auteur-compositeur, devenu interprète malgré l'avis de Trenet (qui viendra cependant l'applaudir) a pu se produire rue du Colisée, au Bœuf sur le toit dont il partage l'affiche avec les Frères Jacques et le duo Roche-Aznavour. Il a un contrat de trois mois et chante sous le nom de Léo Ferrer *Le Flamenco de Paris*, *Le Bateau espagnol*... mais aussi *L'Esprit de famille* qui impressionne beaucoup le petit Charles. Début 1947, un soir, il file après son tour de chant au Lapin A. Gill – plus tard le Lapin agile – à Montmartre pour y rencontrer Jean-Roger Caussimon, un diseur, aussi dégingandé que timide, qui lui confie son poème *À la Seine* pour mise en musique. *Mon Camarade*, *Monsieur William*, *Le Temps du tango*, *Comme à Ostende* puis d'autres textes constitueront le fil rouge d'une longue et complice amitié. Au mois de mars, Léo signe avec Le Chant du Monde un contrat concernant la publication de ses chansons. *Paris* sera la première à être éditée en « petit format », ces partitions bon marché des airs à la mode imprimées sur quatre pages avec, en couverture, les photos du créateur et des interprètes.

« *Qu'il est long le chemin d'Amérique (...) / Puisque les voyages forment la jeunesse / T'en fais pas mon ami j'vieillirai...* » (*Le Bateau espagnol*). En 1947, Léo, accompagné d'Odette embarque pour une tournée de « cacheton » aux Antilles. À bord du bateau *Colombie*, il fait la connaissance de Georges Arnaud qui va bientôt publier son roman *Le Salaire de la peur*. Après une vingtaine de représentations minables en Martinique et une escapade à la Guadeloupe, Léo revient las et lessivé par six mois de touffeur tropicale et, avouera-t-il, un excès de ti' punchs. La ronde des cabarets va commencer et avec elle l'apprentissage ingrat de la scène, sur un territoire souvent exigu où il faut, les poings serrés, savoir distiller paroles et musique dans le tumulte des convives qui bâfrent ou, au mieux, écoutent distraitement. Le chanteur presque malgré lui a cependant la satisfaction de voir enfin quelques-unes de ses œuvres retenues par des interprètes célèbres, des femmes surtout. Edith Piaf lui prend *Les Amants de Paris* (co-signée avec Eddy Marnay), Renée Lebas enregistre *Elle tourne la terre* en novembre 1948, Yvette Giraud inscrit *La Chambre* (paroles de René Baër) à son tour de chant, Henri Salvador va choisir *À Saint-Germain-des-Prés* et Yves Montand *Le Flamenco de Paris*. Catherine Sauvage, Juliette Gréco et Patachou ne tarderont pas à puiser, à leur tour, dans son « remarquable » répertoire.

Côté cœur, ça ne bat plus depuis le retour des Antilles. Odette, pin-up de réclames pour des produits
cosmétiques d'avant la pub, était-elle trop frivole au goût de Léo ? Ou ne supportait-
elle plus la vache enragée ? Sur leur déchirante séparation – le divorce sera prononcé
en décembre 1950 – Léo va écrire avec Francis Claude un de ses textes les plus émou-
vants, *La Vie d'artiste* : « *Je t'ai donné ce que j'avais / De quoi chanter, de quoi rêver / Et tu croyais en
ma bohême / Mais, si tu pensais à vingt ans / Qu'on peut vivre de l'air du temps / Ton point de vue n'est*

plus le même ». Comme dans la chanson, Léo conserve le piano et s'y accroche pour continuer sa vie d'artiste. Fauché. Chaque matin, il achète son paquet de Celtiques, des brunes gros module, en se disant qu'un jour, peut-être, il pourra se payer une cartouche. Il habite en plein cœur de Saint-Germain-des-Prés, à l'hôtel Saint-Thomas d'Aquin, mais, pour payer la pension de sa mansarde, il doit se produire chaque soir dans les caves de l'hôtel où son copain Francis Claude a créé un cabaret ultra rustique, Le Quod Libet. Léo émigre ensuite à cent mètres de là, au restaurant Les Assassins, rue Jacob, où ses premiers fidèles le suivent comme ils le suivront à L'Échelle de Jacob, aux Trois Mailletz, au Caveau de la Terreur, à L'Écluse. « *L'Écluse. Fin 49. J'étais le pianiste et le chanteur. Cette "écluse" où la galère échoua, un soir, entre Barbarie et une Inconnue de Londres...* » (*Et Basta !*). Il va brièvement passer la Seine pour être à l'affiche du Milord l'Arsouille, rue de Beaujolais – lancé par Francis Claude et dont le pianiste, s'appelle Lucien Ginsburg bientôt connu sous le nom de Serge Gainsbourg –, mais, obstinément, les temps sont difficiles.

**« Cette fameuse fin du mois
Qui depuis qu'on est toi et moi
Nous revient sept fois par semaine
Et nos soirées sans cinéma
Et mon succès qui ne vient pas
Et notre pitance incertaine »**

Rive gauche, à Paris. Loin de la légende, c'est dans la marge – un lieu qu'il affectionne – que ce drôle de type vit l'âge d'or germanopratin. Même s'il a plusieurs très bons amis dans le métier, comme Eddy Marnay, Francis Lemarque et Marie Philippe-Gérard qui réussira l'exploit de le faire, très brièvement, adhérer au Parti communiste – Léo rendra sa carte dès sa première réunion de cellule, trop dirigiste à son goût. Même si un soir Jean-Paul Sartre vient l'applaudir à La Rose Rouge – seul peut-être, tandis que Simone de Beauvoir s'éprend de Nelson Algren aux États-Unis. Même s'il fréquente Philippe Soupault, bavarde avec Raymond Queneau, goûte auprès de Simone Signoret ou de Michel de Ré la cuisine familiale du Petit Saint-Benoît quand il ne déjeune pas aux Assassins ou s'installe au bar du Montana, il regarde toujours « loin derrière la glace du comptoir ». Hors des modes et des rites, loin des soirées du Tabou de Boris Vian et des jam-sessions de Claude Luter, de la bande d'Anne-Marie Cazalis et de Juliette Gréco, la muse du microcosme, Ferré, pudique, introverti,

bougon, vulnérable et tendre, a trop d'originalité pour se fondre dans le paysage. « *Regardez-les tous ces voyous / Tous ces poètes de deux sous et leur teint blême / Regardez-les tous ces fauchés / Qui font semblant de ne jamais finir la s'maine / Ils sont riches à crever, d'ailleurs ils crèvent / Tous ces rimeurs fauchés font bien des rêves...* » (*À Saint-Germain-des-Prés*). « J'ai travaillé là parce que c'était l'endroit où les gens venaient. Ça aurait été Pantin, je serais allé à Pantin », affirmera-t-il plus tard. N'empêche, les belles années passent vite, Léo doute et se dit qu'il est bien tard. Il est prêt à quitter Paris.

À quatre heures du matin, ce 6 janvier 1950, le bout de sa nuit est pourtant proche au Bar Bac, un troquet souvent bondé de copains, Catherine Sauvage, Paul Guimard, Yves Robert qui, l'hiver, viennent s'y réchauffer autour d'une soupe d'après spectacle. Ce soir-là, comme souvent, Léo traîne ses problèmes de mélancolie, causant de rien ou d'amitié avec Georges Arnaud et sa femme, Suzanne Girard. Et puis, celle-ci lui présente une amie, Madeleine Rabereau. Et la foudre s'abat d'un coup. « *Rappelle toi ma p'tite mine / Ce bistrot de Paris...* » (*Paris Spleen*, 1966). Madeleine a fait des études de lettres, a eu une fille, Annie, en 1944, et depuis elle empile aventures et ruptures. Il lui sourit. Ils se donnent la main. Elle lui dit « Viens ». « *Quand on ra'trait la fin du monde / Et qu'on vendrait l'éternité / Pour cette éternelle seconde...* » (*L'Amour*, 1955). Très vite, Léo et Madeleine se « mettent ensemble » dans une chambre de l'hôtel Royer-Collard, où ils ont pour voisins le couple Serge Gainsbourg et Élisabeth Levitsky. L'espoir luit. Léo reprend son souffle, et, pour améliorer l'ordinaire, il présente des émissions de musique classique sur Paris-Inter où il rencontre Lucien Morisse et Denise Glaser. En amoureux (du Havre), Léo et Madeleine partent ensuite en Angleterre pour le tournage du film *La Cage d'or* de Basil Dearden dans lequel Léo joue un minuscule rôle de pianiste (le metteur en scène l'avait remarqué aux Assassins).

Au retour, l'embellie se prolonge ; le 23 juin 1950, Léo signe un nouveau contrat avec Le Chant du Monde. Cette fois, il ne s'agit pas seulement d'éditer ses chansons en petits formats mais bien de les graver sur des disques ! La séance historique a lieu le 26 juin. Ce jour-là, Léo enregistre sept titres : *La Vie d'artiste, La Chanson du scaphandrier* (texte de René Baër), *Le Bateau espagnol, À Saint-Germain-des-Prés, Monsieur Tout-Blanc, Monsieur William* et *La Femme adultère* — les cinq premiers seront édités en 78 tours. Sept autres seront gravés lors d'une deuxième séance, le 20 novembre : *L'Île Saint-Louis, Le Temps des roses rouges, Les Forains, L'Inconnue de Londres, Barbarie, L'Esprit de famille* et *Le Flamenco de Paris.* « Paciencia ! » Léo a trente-quatre ans. À cet âge, tous ses « disciples » des générations à venir, de Jean-Jacques Goldman à Alain Bashung en passant par Bernard Lavilliers, Julien Clerc, Michel Jonasz, Jacques Higelin, Bertrand Cantat (Noir Désir) et même Alain Souchon, sans doute le plus en phase, avaient déjà largement entamé leur carrière.

« Le zinc de ce bistrot où nous perdions nos gueules
Cette affiche où nos yeux écoutaient des bravos »

L'Âge d'or

d'or

1951-1968

Alors que l'opéra *La Vie d'artiste* que Léo a écrit et
orchestré pendant tout un trimestre restera, hélas, inédit –
au fond de quel tiroir dort aujourd'hui cette œuvre emblématique ? –, son feuilleton radiophonique, *De sac et de corde*,
concocté avec Madeleine, pour lier une kyrielle de chansons,
va être enregistré, le 12 janvier 1951, pour la RTF par un
fameux diseur : Jean Gabin. On imagine l'émotion de l'auteur
en entendant ses mots remâchés dans la bouche de l'acteur
qu'il a si souvent admiré à l'écran, notamment dans *Quai des
brumes*. La vie d'un artiste encore marginal ménage de ces rencontres magiques, ainsi dans la cave de L'Arlequin croise-
t-il Francis Blanche qui devient aussitôt un inconditionnel.
Après plus de deux ans de vie commune – si peu commune ! –,
Léo et Madeleine se marient, le 29 avril 1952, à Monaco.
Un bonheur ne venant jamais seul, la même année, sa grande
copine Catherine Sauvage enregistre une chanson que Léo
avait proposée en vain aux Frères Jacques et à Yves Montand
mais que Jacques Canetti, directeur artistique chez Philips,
a reconnue immédiatement comme faite pour elle : *Paris
Canaille*. Grâce à cette passeuse, le fameux « c'est si bon »
d'un Paris marlou pétillant et crépitant sera vite sur toutes les
lèvres. Le succès quasi mondial de *Paris Canaille* permet au

couple Ferré d'entrevoir le bout de la mouise et de quitter enfin l'hôtel de la rue Royer-Collard pour s'installer « chez eux » au premier étage d'une bicoque du boulevard Pershing, proche de la porte Maillot, un hameau suburbain d'ateliers rafistolés et de bistrots poisseux, une zone fraternelle où s'élève aujourd'hui le pharaonique Palais des Congrès. Dans cet appartement aussi mal foutu que chaleureux, débarqueront bientôt les vrais copains, la Sauvage et Pierre Brasseur, les Frères Jacques, Paul Guimard et Benoîte Groult, Jean-Roger et Paulette Caussimon.

Il n'empêche, dans ce Saint-Germain-des-Prés « défait, soumis » où les « tauliers » imposent leur loi à une rive gauche qui se survit déjà, la lente montée vers la lumière du galérien-scaphandrier se prolonge dans les abysses des cabarets, de L'Arlequin à L'Échelle de Jacob – où Ferré chante « au piano, avec son chien et son petit cachet » avant de rentrer « *chaque nuit, dans le désert Paris, dans cette brume des garages...* » (*Et Basta !*). Le chien en question est un

« Regardez-les
tous ces voyous
Tous ces poètes
de deux sous
et leur teint blême »

imposant saint-bernard, un autre Arkel, acheté avec les droits d'auteur de *Paris Canaille*, et qui sera bientôt rejoint, justement, par Canaille et leur progéniture : neuf chiots. L'heure de la tétée de cette tendre meute constitue un moment privilégié pour Léo, Madeleine et sa fille Annie. Le bonheur, ça n'est pas grand chose. L'argent quoi qu'on en dise aiderait à le « conforter ». Mais « le téléphone ne sonne jamais » et la bohème perdure, dure, dure. Rien d'étonnant à ce que le thème du fric, du pognon, du flouze, soit alors si souvent décliné par un Léo dont les fins de mois, relativement hebdomadaires, restent le souci premier. *La Fortune, Et des clous, Notre-Dame de la mouise, Merci mon Dieu, T'en as (moi pas), La Grande vie, Le Parvenu* mais aussi *Vise la réclame* ou *Vitrines* (prodigieusement prémonitoires de la société de consommation régentée par la pub) témoignent, entre 1953 et 1955, d'une inspiration presque obsessionnelle.

« J'suis un type à part
Une graine d'ananar »

En février 1953, Léo est en haut de l'affiche du gala de soutien au *Monde libertaire* organisé salle Susset, dans le 10ᵉ, où Georges Brassens, autre mauvais sujet non repenti, figure dans la première partie. Quelques mois plus tard, il signe un contrat chez Odéon et met en musique son premier poète, Guillaume Apollinaire, avec *Le Pont Mirabeau* qui voisine avec *Judas*, entre les lignes duquel on pourra reconnaître l'ex-ami Francis Claude que Ferré considère un peu comme un traître à cause d'une femme... Apollinaire constitue alors le rude quotidien de Léo qui, depuis mars 1952 et jusqu'en avril 1953, s'est attelé à la composition d'un oratorio sur *La Chanson du Mal aimé* : « Un an de mal au dos, de mal aux yeux et à l'imaginaire », confiera-t-il plus tard. Après avoir « musiqué » sur du papier à quarante portées, les 59 strophes aussi envoûtantes qu'ésotériques du « grand poète moderne » – « *Mon beau navire ô ma mémoire / Avons-nous assez navigué / Dans une onde mauvaise à boire / Avons-nous assez diva-*

gué... » – l'autodidacte surdoué se heurtera au refus hautain et blessant du Comité de la musique de la Radiodiffusion française. Partie remise. Le public de Ferré commence à s'élargir, grâce au disque. Alors que ses premières chansons, déjà gravées en 78 tours, seront réenregistrées pour Le Chant du monde à l'automne 1953 sur un premier 33 tours (25cm) mythique, Odéon a commencé dès le mois d'avril à produire des titres qui annoncent un Ferré deuxième manière où l'autobiographie commence à poindre. Le type à part, le gibier de potence (salut Villon !) commence à oser dire « je » pour semer sa *Graine d'ananar* et faire un

sort à « la chanson guimauve », même s'il se fait toujours accompagner par l'accordéon, *Le Piano du pauvre* (grand succès public que Piaf a négligé) et emprunte encore parfois les textes des autres. Avec *Monsieur William*, de Caussimon, la dérive d'un employé modèle s'aventurant dans la fatale demi-brume de l'interdit ou dans *La Chambre*, de René Baër – « *Voici le mirage de l'Art / Voici des songes en rasades / Le divan de Schéhérazade / Et le clavecin de Mozart...* » –, Ferré est chez lui, ailleurs, au cœur d'un univers baroque et onirique mais qui sent le soufre, déborde d'insolence et annonce de futures insurrections.

« T'es qu'une vamp
Qu'on éteint
Comme une lampe
Au matin
Jolie môme »

Ce décollage ne l'empêche pas de remettre les pieds sur terre, dans l'herbe tendre d'une maison de campagne, baptisée « Mon p'tit voyou » (titre d'une chanson en hommage à Madeleine) que le couple a pu s'offrir à Nonancourt dans l'Eure, histoire de faire courir les chiens et de recevoir les copains.

« Le poil sérieux, l'âge de raison / Le cœur mangé par la cervelle... », *L'Homme*, dont Ferré balaie, en sept couplets cinglants, sept âges de la vie, commence à imposer son style. La preuve : il va prendre sa première éclatante revanche de musicien grâce à l'apparition impromptue d'un prince dans ce qui ressemble à un conte de fée. Le 17 décembre 1953, Rainier III de Monaco, flanqué de trois de ses ministres, s'est glissé parmi les habitués de L'Arlequin. Dans la minuscule loge où le monarque est venu le féliciter à l'issue de son tour de chant, Léo trouve l'audace de lui parler de « sa » *Chanson du Mal aimé* injustement méprisée. Le lendemain, Rainier débarque dans la lumineuse bohème du boulevard Pershing, que Madeleine a fleurie aux couleurs de la principauté, pour écouter l'oratorio improvisé au piano par Léo et un de ses amis. Le prince est séduit et met à la disposition de son indocile sujet, l'opéra de Monte-Carlo et son orchestre de quatre-vingts musiciens. Et c'est ainsi que le 29 avril 1954 (date anniversaire de son mariage !), sous les lustres étincelants et devant le tout Monaco – y compris les parents et les copains de lycée de l'enfant prodige – Léo, en habit, a l'immense bonheur de diriger sa *Symphonie interrompue* (composée en un mois) puis la création, pour soli, chœurs et orchestre, du poème d'Apollinaire dont Madeleine a imaginé et réglé la mise en scène. La salle, fascinée puis conquise, le salue de dix rappels, la critique sera dithyrambique. Sur un nuage, Léo dédicace le programme à ses parents en signant « Léotin Ier » ; le roi n'est pas son cousin. Le bien aimé, enfin ! qui n'en partagera pas moins, la même année, le prix Citron (décerné aux artistes « acides ») avec Juliette Gréco.

« Comme la vie est lente / Et comme l'espérance est violente... » (*Le Pont Mirabeau*, Apollinaire). En mai 1954, Léo brûle pour la première fois les planches d'un music-hall, l'Olympia, où il passe en

vedette américaine de Joséphine Baker. Malgré la qualité de son répertoire, l'essai n'est qu'à demi concluant. Sa voix n'est pas encore posée qui, d'une chanson à l'autre, peut passer de l'emphase à l'éructation. Surtout, Ferré détonne autant par sa timidité que par sa dégaine : lunettes disgracieuses, cheveux longs frisottant dans la nuque, blouson, pantalon fuseau et après-ski en peau de phoque. « Ce sont mes meilleures chaussures », plaide Léo qui passe alors souvent ses vacances dans un chalet d'altitude, en famille mais loin du monde.

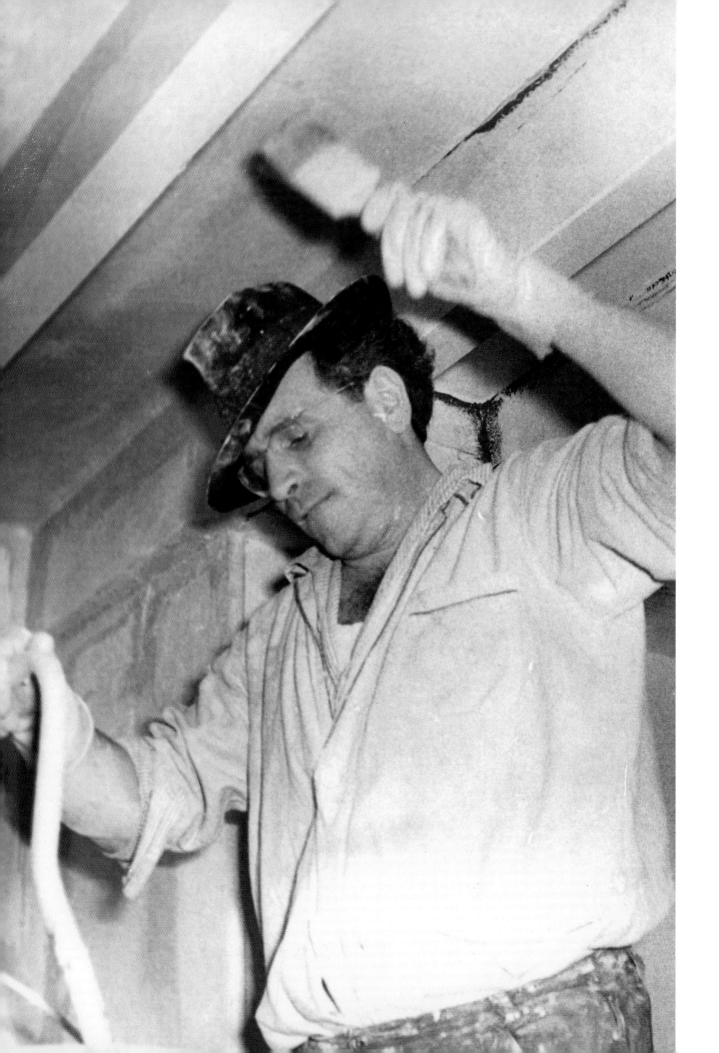

Avec Paul Guimard et Benoîte Groult, Léo et Madeleine sont également allés jouer les Robinson pendant un mois sur une île déserte de l'archipel des Glénans ; du camping plus que sauvage : amour et eau fraîche pour l'ordinaire, spaghettis ou lapin braconné les jours de bombance.

En janvier et février 1955, Léo enregistre une petite dizaine de titres – dont *Vise la réclame, La Rue, La Vie, Monsieur mon passé* – et, en mars 1955, il fait un retour à l'Olympia, en vedette cette fois. Avec des chansons déjà populaires comme *Le Piano du pauvre, L'Homme, Monsieur William* ou *Paris Canaille* mais qui relèvent encore d'un réalisme parigot-poétique, l'interprète, grippé, ne passe pas toujours la rampe et si le soutien d'un orchestre lui permet d'être moins figé, il théâtralise un peu trop ses effets et ses introductions parlées sonnent faux. La critique reste réservée, tordant parfois le nez sur l'iconoclaste *Merci mon Dieu*. Un peu meurtri, Ferré va prendre du recul et se mettre au vert à Nonancourt. Entre des travaux de peinture, une séance de tondeuse à gazon et de longues stations au piano, Léo apporte la

« Je rentrais chaque nuit dans le désert de Paris, dans cette brume des garages où reste un peu, le soir, après que les voitures soient passées,

de cette odeur des temps modernes qui
vous remonte du fond de votre carter,
portant le deuil des foins brûlés »

dernière touche à l'édition de son premier recueil, *Poète... vos papiers !* (soixante dix-sept textes dont une majorité d'inédits parmi lesquels il puisera abondamment dans les décennies à venir) et se lance dans l'écriture d'un roman largement autobiographique, *Benoît Misère*, sur son enfance, « ce chagrin cueilli de frais », à Monaco et dans le collège maudit de Bordighera.

En novembre 1955, après un gala de soutien au Monde libertaire où il partage l'affiche avec Boris Vian, Ferré tire une nouvelle salve de chansons : *Le Temps du plastique, Ma vieille branche, La Fortune* – « *Si tous les crayons que l'on vend à Paris / Écrivaient des chansons comme Monsieur Lully / Et si toutes les plumes avaient Verlaine au bec / Et chacun sa chacune on n'vivrait plus qu'avec / La Fortune...* » – mais aussi l'admirable *Pauvre Rutebeuf*, composé, avec le concours de Madeleine, à partir de trois textes du poète du XIIIᵉ siècle auquel il redonne vie dans la mémoire collective (Joan Baez, participant plus tard à l'internationalisation de ce bijou) : « *Que sont mes amis devenus / Que j'avais de si près tenus / Et tant aimés ?...* ». Loin d'être « clairsemés », ils sont de plus en plus nombreux. Et parmi le cercle de ses admirateurs inconnus, Léo va bientôt pouvoir compter sur un poète un peu oublié sinon disparu : André Breton. Un autre révolté. Après avoir fait écrire dans sa revue, *Le Surréalisme même*, que « la chanson de Léo Ferré est la parfaite fusion organique de tous les dons de poète, de musicien et d'interprète », l'auteur de *Nadja* lui fait savoir qu'il aimerait le rencontrer. Début 1956, André Breton viendra dîner boulevard Pershing puis invitera les Ferré chez lui, 42, rue Fontaine, et ira même passer quelques week-ends à Nonancourt où il dédicacera son *Anthologie de l'humour noir* « À Léo Ferré, poète de génie dont la rose m'embrase le cœur ». Léo est particulièrement bouleversé par la voix de cet « homme magique » qu'il perçoit pourtant comme un « grand oiseau malade » désormais entouré de jeunes « loufiats » qui ont remplacé les Desnos, Dali, Crevel ou Aragon. Il ose lui demander de préfacer *Poète... vos papiers !* Breton accepte avec enthousiasme puis, après une nuit passée dans la chambre rouge – ce qui lui faisait dire « j'ai dormi dans une cerise » – il se rétracte, lâchant cette phrase énigmatique : « Léo, en danger de mort, ne faites jamais publier ce livre ! » La crudité, les ellipses et les tournures argotiques de certains poèmes ont dû le heurter. Ferré passe outre et pond lui-même une Préface au vitriol en forme de manifeste qu'il interprétera près de quinze ans plus tard : « *La poésie contemporaine ne chante plus, elle rampe (...) Le vers est musique ; le vers sans musique est littérature...* ». Léo s'en prend à l'écriture automatique, chère aux surréalistes dont Breton fut le « pape » et proclame : « Le poète d'aujourd'hui doit être d'une caste, d'un parti ou du Tout-Paris. Le poète qui ne se soumet pas est un homme mutilé... ». La rupture avec Breton sera aussi douloureuse que leur amitié avait été intense.

« Au moins s'ils connaissaient
le "Sacre du Printemps"...
Et moi qui meurs de froid
devant ma page blanche »

Sans faire partie du Tout-Paris, les Ferré vont parfois dîner chez une autre « fan » du « divin Léo », la romancière Louise de Vilmorin, compagne d'André Malraux. C'est dans son château de Verrières-le-Buisson que Léo fait la connaissance de Roland Petit. Le chorégraphe lui commande un livret pour un ballet, *La Nuit*, créé fin septembre 1956 au Théâtre de Paris avec Zizi Jeanmaire en vedette. Éreinté par la critique, le spectacle est vite retiré de l'affiche et pour se consoler de ce premier échec, cuisant, Ferré tire de son allégorie, inspirée par sa rencontre avec Madeleine au Bar Bac, un « feuilleton lyrique », édité à La Table ronde, qu'il reprendra dans les années 1980 pour en faire *L'Opéra du pauvre*. On en retiendra surtout une chanson « *Les copains d'la neuille/ Les frangins d'la nuit...* ». Une autre rencontre, capitale, intervient en juin 1956, celle de Maurice Frot, un foutu bavard et un pur anar, dont l'épouse est venue soumettre quelques-uns de ses poèmes aux Ferré. Natif de Decazeville, Frot est plus qu'un rebelle, un insurgé viscéral qui, à dix-sept ans, s'est engagé pour l'Indochine où il est allé jusqu'au bout de l'enfer, de l'horreur et de la honte. L'histoire terrible de ce fils de prolo

« J'ai bu du Waterman
et j'ai bouffé Littré
Et je repousse du goulot
de la syntaxe
À faire se pâmer les
précieux à l'arrêt
La phrase m'a poussé
au ventre comme
un axe »

baroudeur fascine tellement Léo, mauvais fils à papa, qu'il pousse son nouvel ami à en faire un livre, ce sera *Le Roi des rats*, sorte d'*Apocalypse Now* à la française. Des années durant, Léo va relire et corriger la copie de Maurice qui, en retour, grâce à sa forte personnalité, enracinera Ferré dans la « fabuleuse utopie libertaire ». En attendant, le disciple va aider son « maître » à imprimer des petits formats de ses chansons sur une machine offset installée dans les combles de Pershing. Ces séances d'imprimerie nocturne scelleront une exceptionnelle complicité, magnifiée par plusieurs textes croisés en prose. Les mains encore pleines d'encre, Léo se produit chaque nuit Chez Plumeau, sur la butte Montmartre où il va faire la connaissance d'un deuxième inséparable compagnon, son second « mauvais larron », le pianiste Paul Castanier, surnommé « Popaul », dont la cécité est compensée par une rare clairvoyance.
En 1957, la sortie en librairie de *Poète... vos papiers !* provoque un scandale... familial. Le père de Léo lui écrit : « Ton livre est une véritable ordure. Il indique de façon précise la pourriture du milieu que tu fréquentes. Ta chère maman et moi, nous avons honte ! » Ironie du calendrier, la

même année, pour le centenaire d'un aussi « sulfureux » recueil, *Les Fleurs du mal*, Léo va oser mettre en musique douze poèmes de Baudelaire, parmi lesquels *L'Invitation au voyage*, *La Mort des amants*, *Le Serpent qui danse* et *Les Hiboux*. Quelques mois plus tard, Odéon lui permet de réaliser un autre rêve : le premier enregistrement de *La Chanson du Mal aimé*, avec l'orchestre de la RTF. Au cours de l'été 1957, les Ferré et les Frot louent une maison en Bretagne et Léo tombe définitivement amoureux de cette mer « jamais étale » sur laquelle les deux copains s'offrent des parties de pêche inoubliables. « *Rappelle-toi ce chien de mer / Que nous libérions sur parole / Et qui gueule dans le désert / Des goémons de nécropole...* » (*La Mémoire et la mer*). Naissance d'une passion océane. C'est un artiste heureux qui, du 3 au 15 janvier 1958, donne son premier tour de chant à Bobino dont le directeur Félix Vitry devient un ami. Chapeau melon, costume de velours et bottines noires, Ferré s'est fait une dégaine de rapin pour présenter un répertoire renouvelé avec *Mon Sébasto* (de Caussimon), *La Zizique*, *Java partout*, *Pauvre Rutebeuf*. Popaul est au piano, Jean Cardon à l'accordéon et Mimi Rosso à la guitare et la critique salue un Ferré « tout neuf » qui occupe enfin la scène comme

un comédien, gagnant en intensité et en vivacité ce qu'il a su perdre en grandiloquence. Le dernier 33 tours enregistré chez Odéon confirmera cette heureuse évolution qui regroupe une brochette de chansons contrastées : *Dieu est nègre*, *Le Jazz band*, *L'Étang chimérique* et *La Vie moderne* dont l'ironie grinçante et subversive est déjà celle d'un révolté visionnaire : « *Avec dix ronds de fécondant / La biologie fait des enfants / Qui rentrent tous seuls chez leur maman...* » ou encore « *Dans les usines y'a plus personne / Ça fait plus net quand midi sonne / Et qu'Miss robot danse la polka...* ». On ne saurait mieux prédire la déshumanisation de la société en devenir. Avec *Mon camarade*,

ode magique à l'amitié – « *Je n'sais plus combien ça fait d'mois / Qu'on s'est rencontré toi et moi / Et depuis tous deux on s'balade...* » – et *Le Temps du tango* qui tourne la page d'une bath époque – « *Car abuser d'la nostalgie / C'est comme l'opium ça intoxique...* » –, Jean-Roger Caussimon a signé deux textes magistraux. Le relais du talent est bien passé.

Mûr pour toutes les audaces, Léo va céder à un élan du cœur, un coup de folie. Raclant ses tiroirs et vendant à un éditeur (Rolf Marbot), une centaine de ses titres, jalousement auto-édités en petits formats, il va s'offrir, fin 1959, l'île du Guesclin, aussi prodigieusement belle que

« Si ça n'va pas Tu peux toujours aller la voir Tu demand'ras la poésie On t'ouvrira… »

sauvage, entre Cancale et Saint-Malo. Accessible à pied sec à marée basse, la vaste maison édifiée sur cet îlot rocheux, en partie appareillé par Vauban, n'a ni l'eau ni l'électricité mais elle est « gantée de vent », baignée par les embruns, fouettée par les tempêtes. « Je suis arrivé devant l'île, je me suis agenouillé seul dans le sable mouillé de la marée et je me suis mis à pleurer », racontera Léo qui va puiser dans la prégnante majesté du site l'inspiration de quelques-unes de ses œuvres les plus lyriques dont *La Mémoire et la mer* (extrait d'un poème de 55 strophes, *Les Chants de la fureur*). « *La marée je l'ai dans le cœur / Qui me remonte comme un signe…* »

C'est encore dans ce paradis marin où les Ferré accueillent leurs meilleurs amis (Catherine Sauvage, Paul Guimard et Benoîte Groult, Paul Castanier et Maurice Frot) que Léo achèvera l'écriture de *Benoît Misère* et commencera à mettre en musique des poèmes d'Aragon tirés du *Roman inachevé*, devenu son livre de chevet. Le Chant du monde ayant renoncé à l'aventure, c'est chez Barclay que sortira « Léo Ferré chante Aragon ». Dix titres, dix merveilles : *L'Affiche rouge* (à la mémoire des 23 FTP-MOI du groupe Manouchian fusillés par les nazis), *Tu n'en reviendras pas*, *Est-ce ainsi que les hommes vivent ?*, *Il n'aurait fallu*, *Les Fourreurs*, *Blues*, *Elsa*, *L'Étrangère*, *Je chante pour passer le temps* et *Je t'aime tant*. « *Mon sombre amour d'orange amère / Ma chanson d'écluse et de vent…* » Frisson permanent. Ferré et Aragon se sont rencontrés plusieurs fois, boulevard Pershing ou rue de Varenne (au domicile du poète) et c'est peu dire que le courant est passé entre les deux hommes. L'auteur *d'Elsa* voit dans la mise en musique de ses poèmes « *une forme supérieure de la critique poétique* » capable de séduire des « lecteurs d'oreille » et va jusqu'à conclure sa vibrante préface à l'album par ces mots : « Il faudra récrire l'histoire littéraire un peu différemment à cause de Léo Ferré ». De son côté, Léo constate simplement : « Le vers d'Aragon est, en dehors de toute évocation, branché sur la musique (...) Je ne crois pas à la collaboration mais à une double vue, celle du poète qui a écrit, celle du musicien qui voit ensuite, et qui perçoit des images musicales derrière la porte des paroles ».

En signant un contrat chez Barclay dont le munificent et mondain PDG est aussi un fameux dénicheur de talent, Ferré va tourner une page déterminante de sa trajectoire d'artiste. Dès le premier 33 tours 25 cm enregistré en novembre 1960, avec, notamment, *Paname, Merde à Vauban* (de Pierre Seghers), *La Maffia, Les Poètes* et *Jolie môme*, dont la pochette et les arrangements sont très soignés, on sent bien que le Ferré nouveau est arrivé et que le grand succès

« Mettre un bicorne à la romance
Et la mener à l'Institut
Avec des orgues et que ça danse…
La poésie est dans la rue »

va poindre. Les tours de chant du Vieux Colombier, en janvier 1961, et de l'Alhambra, en mars, préfigurent le récital « historique » donné dans ce même music-hall, en novembre 1961. Velouté et puissance de la voix, capable de faire vibrer par son grain « les pianos du cœur et les violons de l'âme », jeux de scène, réglés par Madeleine, justement dosés, sûreté du geste et de l'effet. Deux heures de rêve. Personne ne s'y trompe ; ni le public – parmi lequel Louis Aragon et Elsa Triolet – qui lui fait un triomphe, ni la critique qui salue la métamorphose de l'auteur-compositeur-interprète et annonce la naissance d'un géant. D'un coup, Ferré impose son style, inimitable par l'intensité de son verbe, la somptuosité de ses images, la luxuriance de sa langue où les mots les plus recherchés se mêlent à l'argot et au franglais. Un orchestre de six musiciens, dirigé par Jean-Michel Defaye qui signera les arrangements de Léo pendant une décennie, donne à la célébration tout son éclat et tous ses rythmes. Contrairement à d'autres grands de la chanson, Léo est à l'aise dans tous les registres, du lyrisme poignant à la satire ricanante, de la rage à la tendresse, de l'amour fou à la virulence la plus caustique. Il frappe fort avec *Les Quat'cents coups, Thank you Satan* ou *Les Temps*

difficiles, unique exemple d'une chanson d'actualité dont il proposera trois autres versions pour dénoncer la torture en Algérie, l'archaïsme des vaticaneries, l'arrogance des puissants, les premières dérives de la société de consommation et de communication.

À 45 ans, Léo entame enfin son âge d'or, loin de ses grisaillants *Vingt ans* – « *Pour tout bagage on a vingt ans / On a l'expérience des parents...* » – mais au plus près de son amour – *Chanson pour elle*, *Nous deux* (paroles de Caussimon) – et, après avoir raillé *Les Parisiens*, *Cannes la braguette* et *Les Femmes...*, il achève son récital par un tonitruant *Y'en a marre* qui fait se lever la salle subjuguée. « *Y'a quelque temps Christophe Colomb / Croyant découvrir l'Amérique / A découvert dans le coton / Des Blancs jouant avec la trique / Y'en a marre / Y'a quelques temps monsieur Franco / À peu près au temps des cerises / A descendu tous les oiseaux / Qui chantaient la terre promise / Y'en a marre...* ». Marre Ferré ? Sûrement pas. Magnifiquement prolixe. En 1962, avant un récital à l'ABC, plus musclé mais moins séduisant que celui de l'Alhambra, Léo rédige une préface pour l'édition en livre de

« Pour les poètes que tu glisses
Au chevet des adolescents
Quand poussent dans l'ombre complice
Des fleurs du mal de dix-sept ans »

poche des *Poèmes Saturniens* de Paul Verlaine – « le spleen est un geôlier, la douleur un brouet de larmes, la technique des fers de dentelles », écrit-il – et se voit lui-même hissé au rang de poète reconnu grâce à la publication dans la collection « Poètes d'aujourd'hui » chez Seghers, entre un Dylan Thomas et un Stéphane Mallarmé, d'un *Léo Ferré* signé Charles Estienne qui inaugure la reconnaissance d'autres « chanteurs » (Brassens, Brel, Aznavour, Béart, etc.). La même année, sort un nouveau 30 cm où Léo, décomplexé, ose franchement parler de lui. Désormais ses chansons les plus marquantes seront autobiographiques. Vie et œuvre s'entremêlant intimement. *La Vieille pèlerine* est une évocation sans fard de son aride enfance monégasque, *Mister Giorgina* est un hommage narquois à son accordéoniste Jean Cardon, séducteur impénitent, mais surtout *Les Bonnes manières*, *T'es chouette* et *Ça t'va* reflètent trois facettes d'un même amour, pour Madeleine, dont il décline toutes les variantes, de la volupté la plus ardente à l'extrême complicité du quotidien. « *Cette robe de dix sacs / Tes cheveux en vrac / Ce rien qui t'habille / Ça t'va / Tes souliers pointus / Même s'ils sont fichus / Ça flatte tes gambilles / Ça t'va / Ce sac en lézard / Qui fait le lézard / Sous ses airs plastiques / Ça t'va / Cet air sans façon / Dont*

« T'avais les yeux
comme des lucarnes
Pépée
Comme on en voit
dans l'port d'Anvers
Quand les marins
ont l'âme verte
Et qu'il leur faut
des yeux d'rechange
Pour regarder
la nuit des autres
Comme on r'gardait
un chimpanzé
Chez les Ferré
Pépée »

t'as pris mon nom / Pour vivre de musique... » Portés par une musique aérienne dont l'ampleur va crescendo, ces simples vers de cinq pieds valent tous les alexandrins pour célébrer une passion qui se croit éternelle : « *Qu'on puisse dire un jour / Et quant à l'amour / Il n'a aimé qu'elle* ». *La Vie est louche, Ça s'lève à l'Est, EP Love* et *Plus jamais* témoignent d'une inspiration dont l'originalité n'a d'égale que la profondeur tandis que *T'es rock coco !* annonce le Ferré « rock » des années soixante-dix pour qui « la poésie est une fureur ». « *Avec nos journaux-pansements / Qui sèchent les plaies prolétaires / Et les cadavres de romans / Que les Goncourt vermifugèrent / Avec la société bidon / Qui s'anonymise et prospère / Et puis la rage au pantalon / Qui fait des soldats pour la guerre / T'es rock coco ! t'es rock !...* » À l'évidence, celui qui écrivait « j'avais la phrase dans les mains, comme une grenade avant l'éclatement. (...) Je finirai bien par le trouver ce style de l'invective. J'ai le papier qu'il faut, et l'encre aussi. J'attends » (*Le Style*) a beaucoup progressé dans sa quête.

À l'occasion du premier tour de chant à l'Alhambra, alors que les Marquis' Family présentaient en première partie un numéro de « singes dressés », Léo et Madeleine se sont laissés emporter par leur amour des bêtes pour adopter une petite chimpanzé malade, aussitôt baptisée Pépée, qu'ils traiteront comme un enfant de substitution et qui, avec ses « mains comme des raquettes » et ses « oreilles de Gainsbourg », envahira bientôt leur univers au point de le faire basculer. C'est en grande partie pour offrir de l'espace à Pépée que le couple va

acheter, en 1963, un invraisemblable château médiéval perdu au sommet d'une colline boisée, proche de Gourdon (Lot) : Perdrigal. Dans cette vaste demeure romantique, d'une beauté aussi rare que son confort, avec ses tours aux ventres lézardés et ses fenêtres gothiques de guingois, les Ferré vont mener une vie de quasi ermites, y recevant quelques amis mais n'acceptant de peupler leur (trop) haute solitude que par des animaux littéralement « familiers ». Dans ce qu'on pourrait appeler l'arche de Léo, on finira par compter dix chiens, une quinzaine de chats, quarante moutons, sept vaches, une chevrette, sans oublier un poney shetland et un cochon, aussi gras que propret, tellement apprivoisés qu'ils regardent la télé en compagnie de Pépée et Zaza et de trois autres petits chimpanzés, Bambino, Tata et Titine, recueillis dans un cirque.

À Perdrigal, les hivers sont plus que rudes et les étés d'une oppressante touffeur. Les cinquante hectares de chênes et de taillis qui enserrent le palais de leurs chimères et leur permet de se réinventer une sorte de paradis d'avant le déluge où l'on s'enivre du spectacle de la nature luxuriante et des ciels constellés d'étoiles, isolent aussi Léo et Madeleine de la prétendue « vraie vie ». Ils ne la retrouvent que par brèves séquences, lorsque l'artiste, si peu préoccupé

**« Tu veux tout ça maintenant
Avant que tu n'sois trop vieille
Avant qu'on ne t'emporte
Derrière la dernière porte
Qu'on fermera sur tes merveilles »**

par sa « carrière » et qui n'a pas d'imprésario, va donner quelques concerts dans tel ou tel coin de France. Loin des tournées calibrées et promotionnées, ces « commandos frics » sont autant de *road movies* opérés à bord de grosses cylindrées – une Pontiac, une Mercedes puis une Ferrari – dans l'euphorie de l'amour buissonnier. « Le bonheur c'est une suite de hold-up, ça se pique », estimait Léo. Malgré ces escapades contrastées, au cours desquelles ils croisent parfois quelques stars, Madeleine ne tarde pas à être gagnée par une mélancolie – ce « désespoir qu'a pas les moyens » – frisant la dépression. Pour tenter d'y remédier, Léo

la pousse à raconter sa vie à un magnétophone en lui promettant d'en faire un livre
qu'il imprimera lui-même. Cette extraordi-
naire opération de mise à nu, menée avec
autant de sincérité que de sensibilité, abou-
tira effectivement à la publication, en 1967,
des *Mémoires d'un magnétophone*, document
exceptionnel sur le vécu d'un couple qui ne
l'est pas moins. L'histoire d'un exil à deux
assumé jusqu'au vertige, des « belles conne-
ries » d'un merveilleux duo de marginaux,
celle aussi d'une lente dérive vers l'« insoli-
tude », analysée au jour le jour et sans
concession.

En grandissant, l'adorable et adorée Pépée,
qui mange à table, fume des Celtiques et partage la chambre des Ferré, a imposé sa loi :
rien ne lui résiste, ni le mobilier ni les fils
électriques ni les quelques objets précieux
et surtout pas les tuiles des toits qui, les jours
de colère, volent au ras des rares visiteurs.
Les aléas domestiques de cette incroyable
bohème qui, compte tenu des appétits de
la ménagerie, ressemble parfois à une « vie
de gamelles », n'empêchent pas l'ermite
d'écrire, de composer et d'engranger des
flots de chansons, les meilleures sans doute
de son répertoire à venir. Plus ou moins rasé,
les « yeux tout assombris d'idées », vêtu
d'un polo sans âge, d'un short ou d'un vieux
jean, avec souvent des chaussures sans lacets,

Léo passe des journées entières assis sur un pliant ou un siège de 2 CV, sous un chêne moussu,
à noircir des cahiers de partitions grandioses ou de vers sublimes. Ces créations agrestes et
foisonnantes restent souvent branchées sur l'actualité car les Ferré dévorent les journaux et
sont des téléspectateurs aussi assidus qu'impitoyables depuis que « la montreuse à tout-va »
a fait son apparition au château, fin 1963. Ainsi de *Franco la muerte*, écrite en réaction à

« Qui donc réparera l'âme
des amants tristes
Qui donc ? »

« La poésie est une clameur, elle doit être entendue comme la musique »

l'exécution de Julian Grimau, leader du Parti communiste espagnol clandestin, garroté le 20 mars 1963, et qui dénonce avec la violence de l'urgence l'ignominie du Caudillo « *L'important pour toi c'est qu'ça dure / Toi tu fais pas d'littérature / T'es pas Lorca t'es sa rature...* ». Sur le même album, « Ferré 64 », *Quand j'étais môme*, *Le Marché du poète*, et *La Gauloise* (rebaptisée en 1972 *La Gitane*, alors que Ferré n'a toujours fumé que des Celtiques), éminemment autobiographiques, voisinent avec le guilleret *C'est l'printemps*, l'emblématique *La Mélancolie* – « *C'est voir sa maman / Chaque fois qu'on s'voit mal...* » – et la vacharde *Épique époque* qui brocarde la niaiserie moutonnière du yéyé et de son aliénant hit-parade. Les autres textes, d'autant plus remarquables qu'ils sont inclassables, *Les Retraités*, *Tu sors souvent*, *Sans façon* et *Mon Piano*, étonnant exercice de déstructuration, illustrent la hauteur et l'universalité de l'inspiration du poète et du mélodiste dont le souffle est relayé par une voix d'une chaleureuse maturité.

Musicalement, Léo, l'autodidacte de l'harmonie et du contrepoint a atteint des sommets. Il va ainsi pouvoir réaliser un vieux rêve en réunissant Arthur Rimbaud et Paul Verlaine, ses maîtres absolus, sur un double album, enregistré en quatre jours, en mai 1964, et qui constitue sans doute son chef-d'œuvre. Comme il l'avait fait pour Apollinaire, Rutebeuf et Aragon, Léo compose d'instinct. Il s'installe au piano, ouvre le livre sur les poèmes qui lui parlent le mieux et improvise. Si cela ne vient pas, il tourne la page. « *De la musique avant toute chose / Et pour cela préfère l'impair / Plus vague et plus soluble dans l'air / Sans rien en lui qui pèse ou qui pose...* », l'*Art poétique* de Verlaine qui semble guider sa démarche était déjà composé, comme plusieurs autres poèmes du couple

de « maudits », depuis le début des années 1960. Mais en y adjoignant des œuvres aussi longues et génialement complexes que *Les Poètes de sept ans* et *Les Assis* (de Rimbaud) ou aussi délicatement subtiles que *Soleils couchants*, *Âme te souvient-il ?* et *L'Espoir luit* (de Verlaine), Ferré repousse les limites de la recréation fusionnelle, avec une intuition et une pertinence que seules peuvent expliquer de troublantes affinités électives. Grâce à lui, quelques-uns des plus vibrants poèmes de la langue française, extirpés des recueils où ils sommeillaient, vont désormais chanter dans les oreilles innocentes de milliers d'écouteurs, pas forcément habilités jusque-là à en jouir

« Et tous les discours
Finiront par Je t'aime
Vienne vienne alors
Vienne l'âge d'or »

et dont la vie pourra, par cette révélation, être changée. Parce qu'ils auront envie de retrouver ailleurs « *L'inflexion des voix chères qui se sont tues* » (*Mon rêve familier*, Verlaine), définitivement convaincus, comme Ferré, que « la poésie est une clameur ». Dès 1956, Léo avait osé proclamer dans sa *Préface à Poète... vos papiers !* : « *Toute poésie destinée à n'être que lue et enfermée dans sa typographie n'est pas finie ; elle ne prend son sexe qu'avec la corde vocale tout comme le violon prend le sien avec l'archet qui le touche...* » Sa réussite sans égale dans la mise en musique des poètes donne à ces propos valeur de manifeste.

Le modeste 45 tours qui, en 1965, suit ce double album d'anthologie, ne doit pas être négligé. On y découvre *L'Enfance*, taraudante ritournelle exorcisant, une fois encore, les années noires du pensionnat et « l'innocence rapiécée », et l'admirable *Ni Dieu ni maître*, « ce cri qui n'a pas la rosette », qui pourrait être considéré comme l'hymne des anarchistes – d'ailleurs n'était-ce pas la devise d'Auguste Blanqui ? Plus encore que la « négation de toute autorité d'où qu'elle vienne », l'anarchie était pour Léo un état d'âme, « la formulation politique du désespoir ». Et quoi de plus désespérés que les derniers instants d'un condamné à mort ? À travers le récit, terriblement circonstancié, d'une exécution capitale, Léo entonne donc le plus poignant des réquisitoires contre la peine de mort, de « la cigarette sans cravate » jusqu'aux bois « dits de justice ».

Dans le rigolard et insolent *Monsieur Barclay* qui illustre bien la singularité des rapports liant l'artiste et son « patron », Léo n'oublie pas le coup de chapeau : « *J'suis pas salaud / Et pour la peine / J'vendrai Rimbaud / Avec Verlaine...* ». Quant à *La Chanson des amants*, elle donne une idée de l'atmosphère chaud et froid qui prévaut à Perdrigal : « *Quelquefois ça s'engueule / Ça se fout sur la gueule / Et ça s'aime de nouveau...* ». Si Léo a, avec Arthur et Paul, « compagnons d'enfer », les meilleures fréquentations qui soient, le couple ne voit plus grand monde et, à part Annie, la fille de Madeleine qui poursuit des études au Quartier latin, Maurice Frot est l'un des seuls à franchir le portail vermoulu de Perdrigal. Plus que jamais homme à tout faire, les bricolages en tous genres, la tambouille pour la ménagerie, l'aide imprimeur sur l'énorme machine que Léo a fait installer dans une grange, mais aussi le confident d'un couple qui se délite. Pour rompre l'étouffante monotonie des jours, les Ferré s'offrent parfois quelques escapades vers l'île du Guesclin, où une immense

cage a été aménagée pour Pépée. Ils y refont le plein d'horizon ouvert et d'air marin et y retrouvent « *Le fantôme Jersey / Celui qui vient les soirs de frime / Te lancer la brume en baisers / Et te ramasser dans ses rimes...* » (*La Mémoire et la mer*). Mais ces entractes revivifiants sont trop brefs. C'est pourtant sur l'île que sera sacré *Le Roi des rats* de Maurice Frot qui, en 1965, va enfin sortir chez Gallimard, dans « la blanche ». Roman exutoire sans cesse remâché sous la férule de Léo qui, pour son copain « défroqué qui se souvient des rouges liturgies » a, comme promis, écrit une préface, à clé – « Il me dit avoir écrit pour se libérer. La belle affaire ! On n'écrit jamais que pour un miroir possible ». Le miroir du public, Léo va s'y confronter en mars 1965, lors de sa grande rentrée parisienne, à Bobino, où son deuxième passage sera suivi d'une longue série, en 1966, 1967, 1969 et 1970.

« Cette parole d'évangile
Qui fait plier les imbéciles
Et qui met dans l'horreur civile
De la noblesse et puis du style
Ce cri qui n'a pas la rosette
Cette parole de prophète
Je la revendique et vous souhaite
Ni Dieu ni maître »

La livraison de 1966, titrée « Léo Ferré 1916-19.. » – façon de souligner que l'auteur a « cinquante berges dans les flancs » – est un cran en-dessous de la précédente. Sous ses airs goguenards, *La Complainte de la télé* s'en prend à cette « morphine qu'endort la République » et, entre deux calembours, souligne que « ce chagrin du temps en six cent vingt-cinq lignes » (*Requiem*, 1976) nous prépare une société de l'image totalitaire. Même si, en avril 1965, Léo a fait un tour mémorable de l'autre côté de l'étrange lucarne, dans l'émission de Denise Glaser, « Discorama ». Malgré sa suavité, *La Grève* est un appel explicite à refuser l'exploitation, *On s'aimera* et *L'Âge d'or* sonnent comme d'ultimes et vaines promesses d'utopie et *C'est la vie* ramène à la cruelle réalité du quotidien pluriel avec ses « urnes de la connerie » rimant avec les « plébiscites qui nous plient ». Pour se consoler, reste *La Poésie* : « *Si ça n'va pas tu peux toujours aller la voir* », qui offrira, entre autres prodiges, « *Des lèvres pour baiser / Les aubes dévêtues / Quand le givre est passé / Avec ses doigts pointus...* ». Mais, au bout du voyage, *La Mort* est là qui rôde au détour d'un texte d'un somptueux classicisme. Les gesticulations du (Bus) *Palladium* et les simagrées des *Romantiques*, pas encore dits « nouveaux », se contentant de distraire la galerie.

« *Vivre sur l'horrible et gagner au jeu / De la marguerite effeuillée quand même / "Je t'aime" c'est du meurtre à petit feu...* », Le

Chemin d'enfer, magnifique et terrible poème, publié dans la revue anarchiste *La Rue*, dit bien dans quel univers se débat alors le couple. Les scènes se multiplient et dans le bruit et la fureur, on joue Shakespeare à guichets fermés. « *Quand c'est pas l'heure des bises dans l'cou / Quand j'suis tout prêt à t'foutre des coups / Pour s'envoyer tous nos motifs / On traîne pas dans les subjonctifs / J'te dis "salope" / Tu m'dis "ta gueule" / Les voisins peuvent penser c'qu'ils veulent / Mais y'a une chose qu'ils savent ma mie / C'est qu'on est pas d'l'académie...* » (*C'est un air*, 1967).

En avril 1966, au cours de son nouveau récital à Bobino, Léo va, pour la première fois, interpréter sur scène *Les Poètes de sept ans*. Et, miracle !, le public sera immédiatement envoûté par l'incandescence du verbe rimbaldien : « *Plein de lourds ciels ocreux et de forêts noyées / De fleurs de chair aux bois sidérals déployées / Vertiges, écroulements, déroutes et pitié...* ». Inoubliables instants de grâce pure qui, à eux seuls, justifieraient une vie d'artiste... et d'auditeur. Au cœur de l'été 1967, l'album « La Marseillaise » – hymne inversé enrôlant cuivres et tambours pour déclarer la guerre au patriotardisme meurtrier – sort amputé de la frémissante chanson dédiée à Piaf, *À une chanteuse morte*, censurée par Eddie Barclay qui ne veut pas faire de peine à Mireille Mathieu et à son imprésario Johnny Starck (Ferré perdra le procès intenté à son éditeur). Ce disque est sans doute le plus « en situation » qu'ait jamais produit Léo. À l'image de *C'est un air*, presque toutes les chansons doivent être entendues comme des tranches de vie, des lambeaux d'aveux, gorgés d'émotions et de souffrance. *Le Bonheur* – « *Le bonheur ça n'est pas grand chose / Madame ? / C'est du chagrin qui se repose...* » –, *On n'est pas des saints* – « *Pour la béatitude / On n'a qu'Cin-zano...* » –, *Le Lit* – « *Cette antichambre du tombeau / Où froissent comme des drapeaux / Les draps glacés par la tempête...* ». Rien à jeter dans cet « enfer pavé de roses » miraculeuses qui, de *Salut Beatnik* à *La Banlieue* en passant par *Les Gares et les ports*, *Quartier Latin* et *Pacific blues* (superbe balade pacifiste qui avait été censurée en 1961), rappelle que les chants désespérés sont, souvent, les plus beaux. Avec *Ils ont voté*, Ferré qui n'a jamais été aussi loin dans la virulence contre la « politique-chiotte », est encore en avance de quelques saisons. Mais il va être bientôt rattrapé par l'histoire.

« **Monsieur Barclay,
M'a demandé :
Léo Ferré,
J'veux un succès
Afin qu'je puisse,
Promotionner…
À Europe 1…** »

Pour la deuxième fois, à dix ans d'intervalle, Léo va s'attaquer à Baudelaire en sortant, en 1967, un double album sur lequel il a mis en musique vingt-deux poèmes extraits, pour l'essentiel, des *Fleurs du mal*. Comme pour le Verlaine-Rimbaud, on serait tenté de parler d'interpénétration plus que d'interprétation, tant l'osmose est parfaite entre le poète et le compositeur-interprète. Avec *L'Étranger*, *Le Vin de l'assassin*, *L'Albatros*, *À une passante*, *La Servante au grand cœur*, *Abel et Caïn*, *Les Bijoux*, *La Musique*, *Une charogne*, *La Beauté* et le reste, Ferré est allé « chercher son paradis » en plongeant « dans les gouffres » baudelairiens où se mêlent le voluptueux et le morbide, l'ordure et la somptuosité, la rampante misère humaine et l'envolée céleste, le trivial et le métaphysique. Quand tout fout le camp, restent « *les nuages... les nuages qui passent... là-bas... là-bas, les merveilleux nuages...* » (*L'Étranger*).

« Beatnik fais-toi anar et puis va boire un coup Avec ceux qu'ont trinqué en Espagne et partout Avec ceux qui disent non toujours pour le principe... »

En septembre et octobre 1967, le Bobino nouveau est au rendez-vous avec, au programme, *À une chanteuse morte* faisant pendant à *La Maffia*, mais aussi une sélection d'une trentaine de textes au diapason des humeurs du chanteur révolté – *Ils ont voté*, *Salut beatnik*, *Ni Dieu ni maître* – et surtout des états d'âmes de l'homme blessé : *La Mélancolie*, *Le Bonheur*, *Nous deux*, *C'est un air*. Les quatre Baudelaire retenus ne l'ont pas été par hasard : *Recueillement*, *Une charogne*, *Le Vin de l'assassin* et surtout *Spleen* – « *Quand le ciel bas et lourd pèse comme un couvercle / Sur l'esprit gémissant en proie aux longs ennuis...* » – dont Léo chante les derniers vers, tête baissée et un genou en terre : « *Et de longs corbillards, sans tambour ni musique / Défilent lentement dans mon âme ; l'Espoir / Vaincu, pleure, et l'Angoisse atroce, despotique / Sur mon crâne incliné plante son drapeau noir* ».

Comme Madeleine le confie à son magnétophone, à Perdrigal « la vie est noire » et l'existence du couple s'est « chimpanzéifiée ». Les plus émouvantes pages des *Mémoires d'un magnétophone* ressemblent à la chronique d'un désastre annoncé. Léo qui se compare à « un astre éteint » clame son désarroi « *Je ne sais qu'un devoir qui lentement s'achève / Avec la fin du jour avec la fin de moi* » (*Le Chemin d'enfer*) et se prépare au pire après avoir poussé Madeleine à soigner son « blues » en partant faire une croisière sur *Le France* jusqu'à New York. Vaine échappée, « *Le cœur des bêtes / Dans l'ombre guette / Des assassins...* » (*La Vie est louche*). Les crises se succèdent, de plus en

plus violentes. À l'image de sa première décade de janvier 1968 qu'il raconte par le menu dans un fort texte en prose, *Je donnerais dix jours de ma vie*, Léo vit depuis des mois une désolante course à l'abîme dont il ne tire pas les conséquences. C'est sans vraie préméditation qu'il fait mouvement – le 22 mars 1968 ! – « dans le matin clairet », en prenant, en solitaire, la route pour une tournée dont, malgré d'énormes remords, il ne reviendra pas. Le 7 avril de 1968, Madeleine, restée seule dans un état de détresse absolue, se résout à faire tuer par un chasseur – pour leur éviter le zoo ou le cirque – quelques-uns des animaux qu'elle aimait à en mourir. Pépée, qui s'est gravement blessée en tombant sur un pieu, fait partie de l'inévitable hécatombe. Ce n'est pas d'une séparation qu'il s'agit mais d'un arrachement. Dix-huit ans de vie balayés, « *On a les 68 qu'on peut...* » (*Et Basta !*).

« L'autre qu'on adorait
qu'on cherchait sous la pluie
L'autre qu'on devinait
au détour d'un regard
Entre les mots entre les lignes
et sous le fard
D'un serment maquillé
qui s'en va faire sa nuit
Avec le temps tout s'évanouit »

Les Violons
de l'âme

1968-1993

A u lendemain du cataclysme, Léo est anéanti. Mais pas tout seul. Il retrouve Maurice Frot et Paul Castanier à Commentry où il doit chanter le 13 avril. *The show must go on...* Pour chasser ses idées noires, Léo peut compter sur des conversations passionnées ponctuées de grands moments de déconnade. Le trio taille la route de la tournée comme s'il prenait le maquis, de l'Allier au Sud-Ouest et jusqu'à la Bretagne. Près de Vannes – « *Lochu tu t'en souviens la mer on s'en foutait / On était trois copains avec une tragédie...* » (*Les Étrangers*, 1974) –, Léo laisse déborder le chagrin qui le mine et, dans une chambre d'hôtel, écrit d'une traite *Pépée* : « *J'voudrais avoir les mains d'la mort / Pépée / Et puis les yeux et puis le cœur / Et m'en venir coucher chez toi / Ça changerait rien à mon décor / On couche toujours avec des morts...* » (*Pépée*, 1969). Soulagé d'en avoir fini avec les cris et les crises de Perdrigal, Léo reste mortifié par cet énorme gâchis. C'est sa défaite. Car Madeleine était le grand amour de sa vie. Ils se sont tant donnés. Et puis ils se sont tant pris. Sur cette rupture-blessure, dont il ne se remettra jamais, Léo n'en finira plus de verser de l'acide, réglant ses comptes à travers des textes, en vers ou en prose, d'une violence inouïe mais reprenant aussi, régulièrement, les plus frémissantes déclarations proférées naguère à son amour foudroyé, comme *Le Testament* ou *À toi*. Histoire de se remémorer ces « *rendez-vous mystérieux sous la voilette...* » ou cette « *serviette en papier où tu laissas ta bouche...* ».

Il va lui falloir cinq années pour tourner la page : « 68-73, non stop ! ». Au plan artistique, des années lumineuses, fécondes, créatives, dans cette quintessence de l'inspiration qui sourd aux confins de la lucidité, de la révolte et du désespoir. Au plan personnel, un sacré bouleversement. Léo qui laisse pousser ses cheveux – « comme des voiles de thonier » – et prend des allures de vieux beatnik change aussi radicalement de mode de vie. Si sa

« Madame
Le bonheur ça n'est
pas grand chose
Madame
C'est du chagrin
qui se repose »

révolution intime l'a physiquement éloigné du mouvement de mai 68 – et de ce « *Paris qui s'est levé avec l'intelligence* » (*Paris je ne t'aime plus*, 1970) –, celui qui, depuis si longtemps, « provoque à l'amour et à l'insurrection » va être spontanément rejoint par les enfants du mois de Marie qui constitueront bientôt son nouveau public, plus ardent que jamais. « *Alors que ces enfants dans les rues sont tout seuls / Et s'inventent la vraie galaxie de l'amour instantané...* » (*Le Chien*, 1970). La fusion entre ces deux rébellions a failli se réaliser le 10 mai – la fameuse « nuit des barricades » – lorsque Léo, rejoignant la Mutualité pour un gala libertaire, a été reconnu par un cortège d'étudiants remontant la rue Monge avec leurs drapeaux rouges et noirs qui se sont mis à scander, en vain, « Ferré, avec nous ! ». C'est pour eux qu'il écrira bientôt quelques chansons situationnistes : *Comme une fille*, *L'Été 68* ou *La Révolution*. Certains de ses nouveaux disciples veulent faire de Ferré un prophète ! Lui qui pense que « la religion, c'est la fin du monde » résiste farouchement, toujours persuadé que « *ce qu'il y a d'encombrant dans la morale, c'est que c'est toujours la morale des autres...* » (*Préface*).

Tout seul peut-être mais peinard, Léo « décolliérisé » va parallèlement s'offrir, une émancipation sexuelle aussi intense que tardive. Il a plus de cinquante ans. Cette épique époque des lits de hasard, bousculant ses tabous judéochrétiens – « *Et ce mal qui nous fait du bien...* » – n'en est pas moins bercée par les planantes *Nights in White Satin* des Moody Blues auxquels il rend hommage, en 1969, avec un slow torride : *C'est extra*. En cette année érotique, l'entremetteur de mots et le virtuose du double sens réussit à échapper à la censure des stations de radio qui le programment au point d'en faire un tube.

« La page des sports
pour les poumons
Les faits divers
que l'on mâchonne »

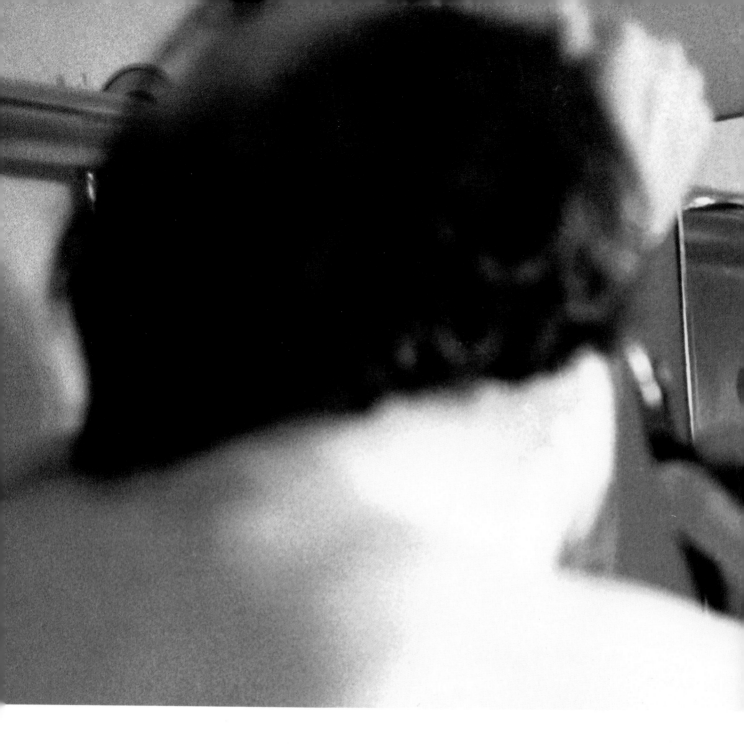

« *... Et dans le port de cette nuit / Une fille qui tangue et vient mouiller / C'est extra...* » C'est extra ? Pas si sûr. « *Tout est affaire de décor / Changer de lit changer de corps / À quoi bon puisque c'est encore / Moi qui moi-même me trahis...* » (*Est-ce ainsi que les hommes vivent ?* Poème d'Aragon). Le tourbillon de ces corps de filles, fussent-elles en robe de cuir, explorés ou imaginés comme autant de fruits défendus, comtesse amarrée à l'île Saint-Louis ou gamine d'Algérie dévoilée sur le chemin des gorges de Kherrata, Léo n'en finira pas de les poétiser, tant et tant, à la fois fasciné et troublé jusqu'au vertige : *Amria, Petite, Cette blessure, L'Amour fou, Le Mal, La « The Nana », La Folie, Je t'aimais bien tu sais.* Pourtant, si elles lui inspirent des bouffées voluptueusement subversives, ces aventures sans lendemain lui laisseront vite un goût amer. « *À tant vouloir connaître*

on ne connaît plus rien / Ce qui me plaît chez toi c'est ce que j'imagine / À la pointe d'un geste au secours de ma main / À ta bouche inventée au-delà de l'indigne... » (*Ton style*, 1971).

1968-1973. Durant les cinq glorieuses qui s'ouvrent, vont paraître chez Barclay cinq albums sublimes par la puissance de leur souffle et la richesse de leur inventivité : en 1969, « Léo Ferré (C'est extra) », en 1970, le double opus « Amour-Anarchie », en 1971, « La Solitude », et en 1973, « Il n'y a plus rien » et « Et Basta ! ». À travers ces albums, Léo, magnifique, se raconte, exhume souvent de ses tiroirs des textes anciens, remaniés ou non – « son pain perdu » comme les qualifie joliment Maurice Frot –, et revisite son passé, tour à tour exalté, désespéré, tendre, virulent, ironique. Signant toutes les paroles (sauf une chanson de

« Je suis d'un autre pays que le vôtre,
d'un autre quartier, d'une autre solitude
Je m'invente aujourd'hui des
chemins de traverse.
Je ne suis plus de chez vous »

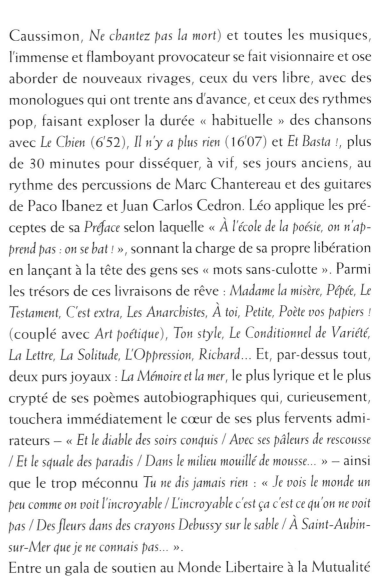

Caussimon, *Ne chantez pas la mort*) et toutes les musiques, l'immense et flamboyant provocateur se fait visionnaire et ose aborder de nouveaux rivages, ceux du vers libre, avec des monologues qui ont trente ans d'avance, et ceux des rythmes pop, faisant exploser la durée « habituelle » des chansons avec *Le Chien* (6'52), *Il n'y a plus rien* (16'07) et *Et Basta !*, plus de 30 minutes pour disséquer, à vif, ses jours anciens, au rythme des percussions de Marc Chantereau et des guitares de Paco Ibanez et Juan Carlos Cedron. Léo applique les préceptes de sa *Préface* selon laquelle « *À l'école de la poésie, on n'apprend pas : on se bat !* », sonnant la charge de sa propre libération en lançant à la tête des gens ses « mots sans-culotte ». Parmi les trésors de ces livraisons de rêve : *Madame la misère, Pépée, Le Testament, C'est extra, Les Anarchistes, À toi, Petite, Poète vos papiers !* (couplé avec *Art poétique*), *Ton style, Le Conditionnel de Variété, La Lettre, La Solitude, L'Oppression, Richard...* Et, par-dessus tout, deux purs joyaux : *La Mémoire et la mer*, le plus lyrique et le plus crypté de ses poèmes autobiographiques qui, curieusement, touchera immédiatement le cœur de ses plus fervents admirateurs — « *Et le diable des soirs conquis / Avec ses pâleurs de rescousse / Et le squale des paradis / Dans le milieu mouillé de mousse...* » — ainsi que le trop méconnu *Tu ne dis jamais rien* : « *Je vois le monde un peu comme on voit l'incroyable / L'incroyable c'est ça c'est ce qu'on ne voit pas / Des fleurs dans des crayons Debussy sur le sable / À Saint-Aubin-sur-Mer que je ne connais pas...* ».

Entre un gala de soutien au Monde Libertaire à la Mutualité — où il entonne *Les Anarchistes* devant une salle survoltée, hérissée de poings levés et de bannières noires — et un récital à Bobino qui, avec *Les Assis*, de Rimbaud, fera date (et un album, « Léo Ferré 1969, récital en public à Bobino »), Léo écrit et compose en deux heures miraculeuses la chanson qui va rassembler tous ses publics, *Avec le temps*, parce que justement « C'est vraiment ma vie à un certain moment, et ça peut être aussi la vie de tout le monde... Ta vie à toi. ». Ce n'est qu'en octobre 1970 que la chanson sortira, presque en catimini, sur un 45 tours simple, avec sur l'autre face *L'Adieu* d'Apollinaire. « *Avec le temps va tout s'en va / On oublie les passions et l'on oublie les voix / Qui vous disaient tout bas les mots des pauvres gens / Ne rentre pas trop tard surtout ne prends pas froid...* » Limpide, universelle, cette complainte poignante, que Léo aura parfois tant de peine à interpréter parce qu'elle remue en lui trop de choses intimes, est soutenue par une petite mélodie qui tout de suite possède et bouleverse. Elle deviendra vite un classique et sera reprise par des artistes d'ici, aussi différents que Dalida, Jane Birkin, Catherine Sauvage, Catherine Ribeiro, Patricia Kaas, Isabelle Boulay, Philippe Léotard, Jean-Pierre Cassel ou Henri Salvador, et adaptée ailleurs, aux États-Unis ou au Portugal, en versions jazzy par Abbey Lincoln ou avec un doigt de fado par Cristina Branco. Rien que pour ce monument sur l'insoutenable légèreté de l'être, Léo mérite sa place au panthéon des poètes et des musiciens qui ont su s'insinuer dans notre quotidien. « *Ce sont de drôles de types qui chantent le malheur / Sur les pianos du cœur et les violons de l'âme...* » (*Les Poètes*).

Sa vie est un slalom. À un rendez-vous avec les Moody Blues dont il ne reste qu'un instantané – Léo et le groupe de Birmingham n'enregistreront pas ensemble – succède, en janvier 1969, une rencontre « historique », rue Saint-Sulpice, avec Brel et Brassens. Les trois « géants »

« On peut me rire au nez ça dépend de quel rire Je provoque à l'amour et à l'insurrection Yes ! I am un immense provocateur »

– Léo au milieu – copains clopant, libres, fraternels, ont l'air placides autour du micro de RTL mais s'observent et prennent parfois la pose pour disserter sur la solitude, l'anarchie ou l'amour, « Non, non, répond Léo à Georges, quand l'amour s'en va, il est déjà parti depuis longtemps... ». Et encore une photo culte, pour *Rock & Folk*. Tandis qu'avec *C'est extra*, il devance les Beatles au hit parade, Léo retourne comme un débutant au cabaret, le Don Camillo, rue des Saint-Pères où Gainsbarre qui n'en croit pas ses oreilles ne se lasse pas de venir applaudir *Pépée*. Il s'entretient fraternellement avec Michel Lancelot dans une série d'émissions du soir, « Campus », sur Europe 1. Les souvenirs s'entassent petit à petit. Lors d'une tournée au Québec, Léo accepte de faire un crochet par New York. Au cœur de Manhattan, il est au Studio Media Sound sur la 57e rue, et passe un après-midi à travailler *Le Chien* dans une version rock avec, à la guitare, John McLaughlin – qui a joué avec Wilson Pickett et les Rolling Stones et collaborera avec Miles Davis et Carlos Santana –, à la basse, Miroslav Vitous, qui intégrera le groupe jazz-rock Weather Report, et, à la batterie, Billy Cobham, l'un des membres fondateurs du futur Mahavishnu Orchestra... Pas mal ! Et dommage aussi. Car Jimi Hendrix, malade, s'est décommandé. Le rendez-vous prévu avec le guitariste mythique est manqué, de peu. Restera la légende !

Cependant, l'idée d'explorer de nouvelles sonorités fait son chemin. À l'initiative de Richard Marsan, le directeur artistique et grand ami de Léo, les maquettes réalisées à New York sont confiées au jeune groupe français Zoo, de l'écurie Barclay. Avec eux, Léo va réenregistrer son texte sur fond de pop music et s'ensuivra une série de récitals, prix unique : dix francs, « Un chien à la Mutualité ». En septembre 1970, paraît, chez Robert Laffont, *Benoît Misère*, roman « vécu » d'un gamin s'accrochant « comme une bernique au fond du trou noir » où l'ont maintenu les « chers frères ». À un dernier récital en novembre à Bobino succède, en février 1971, un premier passage au Théâtre Toursky, créé à Marseille par un nouvel ami, Richard Martin. En 1972, Léo réenregistre son oratorio sur *La Chanson du Mal Aimé*, en assurant lui-même la voix de tous les personnages – « Maintenant je fais gaffe », commente-t-il. Cependant, la collaboration la plus improbable qui soit, entre Ferré et Hallyday,

« Les Moody Blues qui chantent la nuit
Comme un satin de blanc marié
Et dans le port de cette nuit
Une fille qui tangue et vient mouiller »

manque de se produire, par l'entremise de Jean-Pierre Mocky qui a commandé à Léo une chanson pour la bande originale de son film *L'Albatros* et voudrait que Johnny l'interprète. Celui-ci est tenté, mais perplexe il renonce... « C'est un garçon sympathique, vraiment gentil, mais très influençable », observera Ferré.

« Et tu ne me dis rien tu ne dis jamais rien
Mais tu luis dans mon cœur comme luit cette étoile
Avec ses feux perdus dans des lointains chemins… »

Léo dont l'arche a naguère tangué si fort va enfin faire accoster le bateau ivre de sa révolution sentimentale post-soixante-huitarde. « *Écoute… Écoute… Dans le silence de la mer il y a comme un balancement maudit qui vous met le cœur à l'heure…* » (*Il n'y a plus rien*, 1973). Tant que son divorce n'était pas prononcé – ce sera fait le 28 mars 1973 – il avait caché son nouvel amour, Marie-Christine Diaz, connue à Perdrigal, dans des coins perdus d'Ardèche, tous les deux secrètement enlacés au cœur de cette nature que Léo, à l'instar de Lamartine, tient pour la musique et la poésie suprême. Marie, jeune Espagnole dévouée et déterminée a tout fait pour qu'il se relève. En mai 1970, en Suisse, elle a d'ailleurs donné à Léo son premier enfant, un fils – « Mathieu, le 12 septembre 1969, je l'ai senti foutre le camp de moi ». Léo qui, parfois, a vite fait de réécrire l'histoire déclarera plus tard : « L'adultère c'est magique. Quand on s'emmerde avec une femme, on va avec une autre », en ajoutant aussitôt « Cette femme avec qui je suis m'a tenu debout, heureusement, dans une vie difficile ». Pour exprimer sa gratitude il lui dédiera *Je te donne* en 1976 : « *Ces serments de la nuit qui peuplent nos aveux / Et cette joie qui fout le camp de ton collant / Ces silences perdus au bout d'une parole / Et ces ailes cassées chaque fois qu'on s'envole / Ce temps qui ne tient plus qu'à Trois… Deux… Un… Zéro !…* » En réalité, Marie est là pour longtemps. Léo a fui les tramontanes d'Eros. Et, après tant d'errance, le couple va se fixer en Italie, pour toujours, louant d'abord une villa près de Florence, puis s'installant, en 1971, dans une vaste ferme de Castellina-in-Chianti pour se bâtir une existence loin du bruit et de la fureur. Dans cette somptueuse campagne toscane où Léo va « reverdir », les Ferré – Léo et Marie sont passés devant le maire de Florence en décembre 1973 – donneront à Mathieu deux sœurs, Marie-Cécile, née en juillet 1974, et Manuella, en janvier 1978. Début 1973,

le père de Léo, Joseph, s'était éteint. Des naissances, un mariage et un enterrement, comme pour souligner l'une des antiennes favorites de Léo : « Tu es né tout seul, tu meurs tout seul. Entre les deux, il y a des faits divers… que je te souhaite de choisir ».
« *Sur la scène y'a l'silence tout habillé de noir (…) / Sur la scène y'a ton style et tes façons d'le faire / Sur la scène y'a l'amour et mes façons d'y croire…* » (*Sur la scène*, 1970). En transbahutant sa révolte, Léo qui enchaîne les galas par dizaines en France mais aussi en Suisse, au Liban

ou au Québec, enflamme les salles et fait briller des larmes dans les yeux des filles – « *Nous l'avions dans les yeux, dans les bras, dans nos futals / Elle s'appelait l'Imagination* » (*Il n'y a plus rien*) – mais il allume également quelques incendies. Les célébrations de la ferrémania dégénèrent en effet parfois en des combats douteux, frisant l'émeute. Quelques groupuscules de l'ultra gauche, excités notamment par Jean-Edern Hallier, qui l'accusent d'être un « faux anar » embourgeoisé se glissent régulièrement parmi les fidèles. Tapis dans l'ombre anonyme où flottent parfois de suaves relents de marijuana, certains de ces détracteurs hargneux ne se contentent pas de l'invectiver et vont jusqu'à le bombarder de projectiles ou à lui cracher dessus. « *Dis-donc, Léo, ça ne te gêne pas de gagner de l'argent avec tes idées ? – Non, ça ne me gênait pas non plus de n'en pas gagner avec mes idées, toujours les mêmes, il y a quelques années...* » (*Et Basta !*) Léo s'en tire plus souvent en lançant crânement « Ta gueule ! ». Le cœur battant « jusqu'à la dernière battue », il finit toujours par l'emporter face à un public ébloui qui chavire et en réclame « une autre ! », la dernière, pour la route ! Tandis que la rumeur complice des vivats s'estompe, il peut regagner cette loge d'artiste où s'arrête la gloire. « *Un chanteur qui chante la révolution / Ça planque sa cravate ça met le col Danton / Regarde moi bien / J'suis une idole...* » (*L'Idole*, 1969).

Cette fièvre, contre laquelle Claude Nougaro l'avait mis en garde – « tu fabriques en chantant une violence physique qu'un jour tu vas recevoir en boomerang sur la gueule ! » –, mettra longtemps à retomber. Ainsi, Robert Charlebois qui, en 1973, assurera la première partie d'une de ses tournées à travers une quarantaine de villes, a gardé de cuisants souvenirs de bagarres et de descentes de flics. S'il ne dévie pas de sa route, méprisant les calomnies et le qu'en-dira-t-on – « *On me hait. Je m'en fous. Je suis un autre mec. Voilà !...* » (*Et Basta !*) – Léo n'en éprouve pas moins une grande lassitude. Avec le temps, il sature. Il en a marre lorsqu'il vient à Paris de devoir se cloîtrer au Hilton d'Orly, coincé entre piste et autoroute ; il en a marre de devoir sans cesse se justifier, rendre des comptes. Car cet être hypersensible, écorché vif, ne vit pas seulement de musique et de poésie. Il aime les gens, les animaux, la nature – tendrement – et souffre de cette image de « sale type » qui lui colle à la peau, comme si sa liberté d'esprit, sa solitude et son irrépressible besoin de contester la « société » – « le désordre, c'est l'ordre moins le pouvoir » –, devaient fatalement exsuder la méchanceté, la dureté, l'intolérance.

« Les gens il conviendrait de ne les connaître que disponibles À certaines heures pâles de la nuit »

« *Et je m'en vais souper traqué dans un coin / Avec mes copains sur mon addition / En rasant les tables en m'cachant des mains / En disant tout bas la fin d'ma chanson / Regardez-moi bien / J'suis qu'un artiste.* » (*L'Idole*). Ces épreuves sont d'autant plus dures à supporter pour Léo que des tensions sont apparues avec ses « frangins », Maurice et Popaul. Trop de promiscuité, trop de fatigue et trop de coups durs jusqu'à ce soir – était-ce à Ottawa ? – où Léo, énervé, a lancé à son pianiste qui n'en finit plus d'improviser : « J'en ai marre, Popaul, je te demande de jouer ma musique ». L'amitié on ne sait pas comment ça vieillit... La belle équipe va se séparer fin mai 1973. Juste après Popaul, le fidèle Frot, baptisé « Macoute » parce que, comme les tontons de Duvalier, il n'hésite pas à faire le coup de poing pour protéger son « idole », prend le large en dépit d'un projet de film, *Mon frère le chien, ma sœur la mort*, dont il a rédigé le scénario et que Léo devait interpréter au côté de Michel Bouquet sous la direction de Philippe Fourastié. « *Ce sont amis que vent emporte...* »

« On est hier, toujours. Moi, je vivais demain et ça fabriquait les malentendus. Un artiste vit toujours demain, sinon il est fait pour l'usine »

Malgré ces graves incidents de parcours, Léo est au sommet de sa popularité et à la plénitude de son art, servi par une voix qui a encore gagné en ampleur. Son retour à l'Olympia à l'automne 1972 (dix-sept ans après), avec encore Popaul au piano, a été un triomphe... Sa carrière est à son apogée. Son public, élargi, l'a suivi dans toutes ses métamorphoses appréciant qui ses chansons de facture classique et sa verve satirique, qui ses textes visionnaires, qui ses chants insurrectionnels, qui les poèmes des géants qu'il a mis en musique – et auxquels il consacrera, en 1986 un récital littéralement d'anthologie. Artiste exilé, il jouit du prestige des déracinés. « *J'émigrerai quelque jour vers vos pays cachés / Et ne reviendrai plus...* » (*Et Basta !*). Cultive-t-il aussi son image d'artiste maudit ? Comme Béla Bartok à New York ou Gauguin à Tahiti que Léo s'approprie sans vergogne comme camarades de mistoufle et d'ennui, il s'enracine en Toscane et y enregistre un album, « Léo Ferré in italiano », comprenant notamment *Petite, Tu ne dis jamais rien, Les Anarchistes* et *La Solitudine*... « *Je suis d'un autre pays que vôtre, d'un autre quartier, d'une autre solitude / Je m'invente aujourd'hui des chemins de traverse. Je ne suis plus de chez vous...* » (*La Solitude*, 1972). Pourtant, malgré ses origines, c'est bien à la langue française qu'il est ancré et, au pays de Dante, il ne parviendra pas à se faire adopter. Qu'importe ! Patriarche devenu, il peut enfin aimer en toute quiétude les arbres, les bêtes et, après s'être détourné du conforme et de l'inconforme, s'inventer un paradis tranquille. Entouré, aimé, installé dans un confort simple, il aspire à « la paix des chiens ».

Côté artistique, le compositeur va prendre le pas sur l'auteur. Par glissements progressifs, celui-ci va s'effacer, s'efforçant – se forçant ? – de plus en plus sporadiquement de mêler à son lyrisme musical la luxuriance ou la crudité des mots. À travers quelque 250 chansons, il a déjà tout dit. Son éclectisme a vécu des merveilles. Parallèlement, il a flirté avec tous les rythmes, du jazz à la java en passant par la valse lente, le tango, la pop et la symphonique. Il veut maintenant réaliser son rêve d'enfant : diriger « pour de vrai » de grands orchestres. Son cœur n'oubliera jamais Rimbaud, Verlaine, Baudelaire, Apollinaire (qu'il continuera à musiquer) ni Aragon et les autres mais vient le temps où il se sent plus proche cousin de Beethoven, Mozart, Debussy et de Falla – il les appelle d'ailleurs par leur prénom. Avec *Ludwig* (1981), il ira jusqu'à emprunter à Beethoven l'ouverture d'*Egmont* afin d'y plaquer ses mots. Pour illustrer cette nouvelle ère de la musique avant toute chose, Léo se produit en février 1974 sur la scène de l'Opéra Comique où il a l'audace d'enchaîner son texte fleuve *Et Basta !* et *La Chanson du mal aimé*. Puis, fin 1975, après plusieurs représentations en Suisse et

« Dans la rue la Musique !
Music ? in the street !
La Musica ? nelle strade ! »

en Belgique, il s'installe au Palais des Congrès pour conduire les musiciens des Concerts Pasdeloup, avec le pianiste Dag Achatz et la cantatrice Janine de Waleyne. Au grand dam de certains puristes, il mêle ses chansons aux œuvres classiques, n'hésitant pas à intercaler le *Concerto pour la main gauche* entre *Préface* et *L'Espoir*. Si son geste est parfois saccadé, il dirige sans baguette, Léo est heureux. Et fier, car ses vingt-cinq concerts-récitals remplissent chaque soir les trois mille deux cents places du palais. « J'ai amené le public de la *cansonetta* à Beethoven et Ravel. »

91

« Quand tout est fini le rideau baissé
Et q' j'entends mourir la rumeur complice »

Deux albums témoignent de cette évolution. En 1974, « L'Espoir », chez Barclay – le dernier avant sa rupture avec le « cher Eddie » – et, en 1976, « Je te donne », chez CBS : ses enfants sont sur les pochettes mais, à l'intérieur, c'est d'abord la musique qui abreuve les sillons. Ferré comme Erik Satie la croit immortelle. Hormis les fortes chansons titres, *L'Espoir*, superbe évocation d'une Espagne fantasmée écrite pour Marie qui attendait Mathieu – « *Le sang avec la veine d'avoir la corrida / Et cent mille danseurs sur la place publique / Pour que Christophe Colomb découvre la Musique...* » (*L'Espoir*) – et *Je te donne* – hymne à l'amour qui fait un peu le pendant d'*À toi* – on écoute avec plaisir sur l'un, *Les Étrangers*, avec les improvisations d'Ivry Gitlis au violon, *Je t'aimais bien tu sais*, *Les Oiseaux du malheur* et *Les Amants tristes* et, sur l'autre, sans déplaisir mais sans le grand frisson de naguère, *Muss es sein ? Es muss sein !* et *Requiem* avec, coincée entre deux chansons, l'ouverture de *Coriolan* par l'Orchestre Symphonique de Milan, direction Léo Ferré. Son immersion consciente dans les profondeurs de la musique fait plus que se dessiner. Entre ces deux albums, Léo a en 1975 enregistré, « Ferré muet... dirige », chez CBS. Comme son titre l'indique il ne chante pas et utilise ce subterfuge pour se dégager de son contrat avec Barclay. Vieux lion, Léo enrage. Et griffe encore : « *Quand les gens se mettent à avoir une comptabilité derrière les yeux ils deviennent des comptables...* » (*Et Basta !*). Il rêve de relations contractuelles fraternelles. Autant vouloir décrocher la lune. En attendant, il va signer en 1976 avec RCA – qu'il quittera en 1985 pour EPM.

On the road again ! Léo n'aime pas les voyages mais le saltimbanque doit repartir. Sans Zoo ni Popaul. Désormais seul en scène, il s'accompagne lui-même, penché sur son Steinway ou, campé derrière le micro, chante sur les bandes magnétiques de sa musique préenregistrée. En 1976, l'année de ses soixante ans, il retourne en Algérie puis sort l'album « La Frime », un titre paradoxal – celui d'une des chansons, pas immortelle – tant l'ensemble dégage gravité et lenteur, de la tendre *Peille* à l'épique *Allende*. Il s'ouvre avec un hommage à ses frères *Les Artistes*, ces gens d'ailleurs qui « crient dans le désert », et se referme sur un vœu posthume aux accents provocateurs très ferréens : « *Je veux être drapé de noir et de raison / Battre de l'aile au bord de l'enfer démocrate / Et cracher sur Trotsky sur Lénine et Socrate / Et qu'on dise de moi "Mon Dieu qu'il était con"...* » (*Quand je fumerai autre chose que des Celtiques*, 1977). Pour l'heure, Léo marche seul, devant, le poing dans l'utopique, et bien que la télévision ne soit pas sa copine – s'il la regarde c'est, dit-il, pour « recharger sa connerie » – le 19 juin 1977, FR3 programme en « prime time » un portrait, plutôt réussi, de lui : *L'Homme en question*. Humain, trop humain. Moins d'un mois après la naissance de Manuella – la benjamine Ferré – Léo perd sa mère, en février 1978. Sa peine est profonde. Depuis la mort de son père, il allait la voir souvent. Elle était soulagée de le voir remarié et père prodigue. « C'est un bon fils », disait-elle. Et lui : « J'ai pleuré comme un enfant ».

« Je te vois comme une algue bleue dans l'autobus À la marée du soir Gare Saint-Lazare Mon Amour »

Une tournée va le remettre sur pieds. Désormais, la plupart du temps, Marie l'accompagne. Elle conduit la CX – avec, parfois, les enfants assis à l'arrière – et veille au grain. À Montpellier, elle assiste, heureuse, aux joyeuses ripailles de Léo avec Maurice Angeli ; ils discutent jusqu'à trois heures du matin... Mais le lendemain, à Toulouse, elle insiste pour que tout le monde soit au lit de bonne heure. Car, dès le réveil, il faudra filer. Vers une autre ville, un autre récital où, tout de noir vêtu, il tiendra la scène comme une barricade, seul pendant deux heures quarante, sans entracte. Et sans prompteur pour suivre l'impitoyable magnétophone. Lorsque Léo a un trou de mémoire, les fans des premiers rangs font office de souffleurs. Passent les jours et passent les semaines... Fin 1979, Léo donne autour de Paris une série de galas au profit de l'enfance handicapée. En 1980 paraît aux éditions Plasma, *Testament Phonographe*, son deuxième recueil de poésies et de textes. En 1982, Léo chante pour l'association de Lino Ventura, Perce-Neige, et, en avril, il participe au Printemps de Bourges. Le temps de rêver est bien court... Louis Aragon disparaît à la fin de l'année, vingt et un ans après son inoubliable mise en musique. Que cela passe vite vingt et un ans ! Coup de blues. « *On veille on pense à tout à rien / On écrit des vers de la prose / On doit trafiquer quelque chose / En attendant le jour qui vient* » (*Blues*). Léo est conscient d'avoir un travail qui n'a pas d'âge. L'imagine-t-on à la retraite ?

En 1983, il tourne en Belgique, en Italie, en France et au Portugal. Au mois d'avril 1984, il est à l'affiche du Théâtre des Champs-Élysées où il enregistre quatre émissions de Pierre Bouteiller pour FR3. Du 1er au 14 octobre, il revient triomphalement à l'Olympia – après une éclipse de douze ans – et, l'année suivante, il refuse d'être fait Commandeur des Arts et Lettres par Jack Lang, ministre de la Culture. Non, décidément, Léo n'aime pas les médailles ; elles impliquent trop de compromission, de reptation « *Cette "allure" que vous portez, Monsieur, à votre boutonnière / Et quand on sait ce qu'a pu vous coûter de silences aigres / De renvois mal aiguillés / De demi-sourires séchés comme des larmes / Ce ruban malheureux et rouge comme la honte dont vous ne vous êtes jamais décidé à empourprer votre visage...* » (*Il n'y a plus rien*). En revanche, un autre hommage lui va droit au cœur, en cette année 1986, de ses soixante-dix ans, la publication chez Seghers d'un deuxième volume *Léo Ferré* dans la collection « Poètes d'aujourd'hui », signé Françoise Travelet. Entre une virée au Québec et une autre en Pologne et en Allemagne de l'Est, lui, n'hésite pas à donner un sérieux coup de pouce au lancement du Théâtre Libertaire de Paris-Déjazet en l'inaugurant, puis en y prenant ses habitudes. Avec l'album « Les Loubards » (sorti en avril 1985), Léo fait également un royal cadeau à son merveilleux ami Jean-Roger Caussimon en mettant en musique neuf de ses textes, dont *Metaphysic song*, *Nuits d'absence* et *Avant de te connaître*. Grâce aux mélodies délicates et subtiles de Léo, le vieux « camarade » qui, très malade, était venu lui rendre visite sur sa terre de Sienne, six mois avant de mourir, est définitivement sacré poète. Adieu l'ami.

« Ce sont des gens d'ailleurs
Les artistes »

En ce milieu des années 1980, à l'occasion de son deuxième passage à Bourges, Léo a renoué avec Maurice Frot qui est l'un des responsables du Printemps aux côtés de Daniel Colling. Vingt minutes de rappel ponctuent la fin de son tour de chant sous l'œil attendri de son ami retrouvé. « Ses chansons pensent à ma place », écrira plus tard Maurice. C'est la fête ! Partout les ovations sont interminables. Ainsi, à Barcelone, une foule d'aficionados lui réserve un accueil mémorable lorsqu'il reprend *L'Espoir* et *Franco la muerte* au cœur d'une tiède nuit de printemps sur le parvis illuminé de la cathédrale. « *Pour l'anarchiste à qui tu donnes / Les deux couleurs de ton pays / Le rouge pour naître à Barcelone / Le noir pour mourir à Paris...* » (*Thank you Satan*, 1961). Depuis *Le Bateau espagnol* et *Le Flamenco de Paris*, l'Espagne a toujours été omniprésente dans l'œuvre de Léo. « *Y'en a pas un sur cent et pourtant ils existent / La plupart Espagnols allez savoir pourquoi / Faut croire qu'en Espagne on ne les comprend pas / Les anarchistes...* » (*Les Anarchistes*, 1969). Le 9 juillet 1987, c'est au tour de Jean-Louis Foulquier d'organiser aux Francofolies de La Rochelle « La fête à Ferré » – et non pas « à Léo » pour éviter toute confusion avec le ministre Léo-tard. Devant près de dix mille spectateurs, Léo dirige sous la pleine lune musiciens et choristes et chante une quinzaine de chansons dont *La Nostalgie* et *Colloque sentimental*. Un disque témoigne de cette célébration où Nicole Croisille et Paul Piché, Mama Bea, Claude Dubois, Catherine Ribeiro, Francis Lalanne et Jacques Higelin reprennent ses plus grands succès avant d'entonner *Le Temps des cerises*, main dans la main avec Léo – comme il avait rêvé de le faire avec Brel et Brassens. En 1987, Léo refuse d'être l'invité d'honneur des premières Victoires de la Musique. Il se produit de plus en plus souvent dans des MJC ou dans des salles de banlieue. « Je n'ai pas d'exigences mégalomaniaques au niveau technique », dit-il. En Europe, au Canada et au Japon, il enchaîne les tournées et recommence l'année d'après, en France, en Espagne, au Maroc. Et encore au Canada ! Léo a toujours été à

la fois fasciné et terrorisé par ces « avions qui dament le pion au soleil » et lui inspirent des vers somptueux : « *O DC8 des Pélicans / Cigognes qui partent à l'heure / Labrador Lèvres des bisons / J'invente en bas des rêves bleus / En habit rouge du couchant / Je vais à l'Ouest de ma mémoire / Vers la Clarté vers la Clarté...* » (*Il n'y a plus rien*).

Retour sur terre. Le progrès a conduit dans les années 1980 à l'abandon du vinyle au profit du compact disque. Qu'importe le flacon... ? Mais l'ivresse « textuelle » n'a plus toujours été au rendez-vous sur les derniers albums Ferré – mis à part les compilations et les enregistrements en public où fleurit le meilleur de son répertoire. Depuis « Il est six heures ici... et midi à New York », en 1979, jusqu'à « Les Vieux copains », en 1990, en passant par « La Violence et l'ennui », en 1980, le triple « Ferré, Rimbaud, Beethoven », en 1981, et « On n'est pas sérieux quand on a dix-sept ans », en 1986, une certaine emphase, quelques redites ou facilités

d'écriture, ont un peu gâché le plaisir malgré des compositions soignées. Ce serait s'aveugler de prétendre qu'à la façon de Picasso ou du Titien, Léo a donné le meilleur de lui à la fin de sa vie. Même si, dans cette demie brume, plusieurs pépites ont encore brillé de mille feux : ainsi le bouleversant *Frères humains* (d'après Villon), couplé avec *L'Amour n'a pas d'âge*, *Les Musiciens*, explicite hommage de Léo à « l'art majeur », *Les Vieux copains* ou *Le Bateau ivre*, de Rimbaud.

Après avoir failli incarner un Saint-François d'Assise moderne dans *Mon frère le chien, ma sœur la mort*, Léo manque, en 1988, son deuxième rendez-vous avec le cinéma. Le film dans lequel Jean-Luc Godard envisage de lui confier le rôle de Beethoven ne se fera pas. Fidèle, Léo retourne au TLP-Déjazet puis, comme toujours, revient sous le ciel de Vinci, à Castellina où l'active Marie produit le fameux chianti « classico » et une huile d'olive fruitée. Là, dans la douceur de la cuisine-véranda inondée de soleil, parmi les siens réunis autour de la grande table où fume la pasta, Léo respire. S'isolant dans son bureau-atelier-imprimerie, antre des merveilles, il ne cesse de composer, d'écrire ou de triturer d'anciens textes, triant, là-aussi, les meilleurs grains des plus belles grappes. Pourtant, le jappement affectueux d'un chien suffit pour entraîner sur les caillouteux sentiers toscans le poète « floué par les années perdues » qui chemine des heures, pensif avec un vieux bâton en guise de canne. Songe-t-il à Arkel, à Canaille, à Egmont ou à Misère ? Est-il quelque part avec eux dans leur nuit des chiens ? Cette manière d'être ailleurs tout en étant présent, illustre, jusqu'à l'allégorie, la fibre libertaire du misanthrope fou d'amour.

« *Je chante pour passer le temps / Petit qu'il me reste de vivre / Comme on dessine sur le givre / Comme on se fait le cœur content...* » (*Je chante pour passer le temps*, poème d'Aragon). Viennent les années 1990, « Je suis dans la dernière ligne droite », pressent Léo alors que remonte son enfance avec la réédition de *Benoît Misère* dans sa propre maison d'édition Gufo del Tramonto, le hibou du couchant. Et l'artiste majuscule va griller ses dernières cartouches jusqu'aux limites de l'épuisement. En revenant au TLP-Déjazet, en participant au gala des soixante-dix ans du parti communiste à Bercy, avec Renaud et Francis Lemarque, en signant, encore avec Renaud, un appel contre l'intervention militaire dans le Golfe, en soutenant Radio-Libertaire par un gala au Palais des Sports, en donnant un concert avec la Philharmonie de Lorraine au Théâtre Toursky, à Marseille, ou en rejoignant, pour un duo, Bernard Lavilliers sur le podium de la Fête de l'Humanité. La vie va... mal. Alors que son ancien accordéoniste, Jean Cardon, est mort en juillet 1990, l'irremplaçable Popaul disparaît en novembre 1991. Par un soir frisquet de février 1992, Léo, fatigué, participe à un concert « Hommage à Paul Castanier » à l'Olympia aux côtés de Jacques Higelin, Georges Moustaki et Rufus. Cette année-là, en octobre, Richard Marsan, à son tour, s'en va au vent mauvais. « *Nous avons eu nos nuits comme ça moi et moi / Accoudés à ce bar devant la bière allemande / Quand je nous y revois des fois je me demande / Si les copains de ces temps-là vivaient parfois / Richard ça va ?...* » (*Richard*, 1973). La mort rôde.

Dans les jours qui suivent la disparition de « Monsieur Richard », Léo, qui s'était plaint d'une douleur au ventre, est opéré le 19 octobre 1992 à l'hôpital du Kremlin-Bicêtre. Une tournée en Belgique et la série de concerts prévue en novembre au Grand Rex à Paris sont annulées. En janvier 1993, Léo rentre en Toscane. De vieux copains dont les deux Maurice, Angeli et Frot, lui rendent visite en juin. Le matin du 14 juillet 1993, chez lui, Léo rend les armes. Il n'entend plus la rumeur complice. À dix heures à peine ses circuits déconnectent. C'est fini Léo, c'est fini.

Il est parti Léo, quelque part dans la nuit des hommes. Conformément à sa volonté, il est inhumé le 17 juillet, auprès de Marie et Joseph, dans le caveau familial du cimetière de Monaco. Là où tout avait commencé. Tout près de la mer qu'il aimait tant. Et toujours en été.

Les auteurs

Robert Belleret est grand reporter au Monde où il est entré en 1986. Il a découvert Léo Ferré en 1961 sur la scène de l'Alhambra. Son livre, *Léo Ferré, une vie d'artiste*, publié en 1996 aux éditions Actes Sud, est considéré comme la biographie de référence.

Jean-Pierre Bouteillier, rédacteur et co-fondateur de « Cinématographe », pigiste pour diverses revues spécialisées – cinéma, tourisme (il a également été un des dirigeants de la filiale d'Air Inter, Visit France - Visit Europe) ; aujourd'hui cadre supérieur à Air France, il est passionné notamment d'histoire des États-Unis, de littérature, de musique, et de voyages.

Robert Belleret et Jean-Pierre Bouteiller se sont rencontrés sur les bancs du lycée Carnot à Paris en 1962. Leur passion commune pour Léo Ferré a été l'un de fils rouges de leur longue amitié.

Illustrations

Crédits

Couverture : © Patrick Ullmann

© Agence Vernhet : p. 6, 70-71, 95, 96-97, 101
© Famille Ferré : p. 9, 10, 11, 12, 13, 14, 16
© Collection Layani : p. 21, 27
© Daniel Frasnay / AKG-images : p. 23
© Collection Robert Belleret : p. 24, 31, 34-35, 45, 53, 54-55, 56-57
© Collection Roger Viollet : p. 29, 76-77, 81, 84, 87, 88
© Grooteclaes : p. 30, 36-37, 58-59, 62-63, 64-65, 73, 74-75, 78-79, 82-83, 85, 89, 90-91, 100
© Keystone : 32-33, 38-39, 42-43, 44, 47, 48, 50-51, 47, 48, 50-51, 67, 69, 93
© Rancurel-O Média : p. 60-61, 98-99
© Gamma-Presse / Quiniot : p. 19

Production : Fréderic Blondron – Direction Artistique : Luc Doligez – Iconographie : Francesca Alongi

Photogravure : Bussière, Paris
Achevé d'imprimer en France par Pollina, Luçon - n° L90786
N° d'édition : 21907
Dépôt légal : Novembre 2003

Ville de Montréal

**Feuillet
de circulation**

À rendre le		
2 0 AOUT 2004		
1 6 SEP. 2004		
1 2 OCT. 2004		
2/11/2004		
0 4 DEC. 2004		

06.03.375-8 (01-03)